GAYRETTEPE
PIYALE PAŞA BULVARI
HALASKARGAZİ CADDESİ
BARBAROS BULVARI
D
E
F
A
KATOLİK MEZARLIĞI
IHLAMUR KASRI
NİŞANTAŞI
YILDIZ
ORTAKÖY
YILDIZ PARKI
BEŞİKTAŞ
ÇIRAĞAN CADDESİ
BOĞAZİÇİ KÖPRÜSÜ
KURTULUŞ
MAÇKA PARKI
CUMHURIYET CAD.
DOLMABAHÇE
BEYLERBEYI
DOLAPDERE CAD.
TAKSİM
PALÁCIO DE DOLMABAHÇE
DOLMABAHÇE SARAYI
TARLABAŞI BULVARI
BEYOĞLU
KUZGUNCUK ÇARŞI CAD.
AVENIDA DA INDEPENDÊNCIA
İSTİKLÂL CADDESİ
BOĞAZİÇİ (BÓSFORO)
KUZGUNCUK
GALATASARAY
FETHI PAŞA KORUSU
PAŞALIMANI CAD.
RRE DE GÁLATA
GALATA KULESİ
ISTANBUL MODERN / SANAT MÜZESI
ŞEMSI PAŞA CAMİİ
KARAKÖY
ÜSKÜDAR
TORRE DE LEANDRO
KIZ KULESİ
GALATA KÖPRÜSÜ
ÇİNİLİ CAMİİ
EMİNÖNÜ
KENNEDY CAD.
SİRKECİ GARI
ÜSKÜDAR HAREM SAHIL YOLU
PALÁCIO DE TOPKAPI
TOPKAPI SARAYI
GÜLHANE PARKI
KARACA AHMET MEZARLIĞI
ZEYNEP KAMİL
ASÍLICA
EBATAN SARNICI
SANTA SOFIA
AYASOFYA
HAREM
DOKTOR EYUP AKSOY CAD.
SELİMİYE KIŞLASI
MESQUITA AZUL
SULTANAHMET CAMİİ
KARA YOLU
KÜÇÜK AYASOFYA
SULTANAHMET
İNKİŞAF CADDESİ
HAYDARPAŞA GARI
HAYDARPAŞA
MARMARA DENIZI (MAR DE MÁRMARA)
ILHAS DOS PRÍNCIPES
KIZIL ADALAR
CAFERAĞA
BAĞDAT CADDESİ

GLOSSÁRIO

Caddesi (Cad.): avenida
Camii: mesquita
Çarşı: mercado
Han: pouso de caravanas
İskele: embarcadouro (lit.: escada)
Konak: mansão otomana
Köşk: quiosque, pavilhão
Külliye: complexo social e religioso de mesquita
Medrese: madraçal
Mihrab: nicho que indica a direção de Meca
Müze: museu
Pazar: bazar, mercado
Saray: harém, palácio
Soka k (Sk.): rua
Türbe: mausoléu
Yalı: residência otomana na beira da água

CHIFRE DE OURO E MESQUITA DE SULEIMAN

Junho-julho
Festival de Jazz
→ *Início jul*
Festival Internacional da Cultura e da Arte
→ *Jun-jul*
Operas, shows, espetáculos de balé...
Rock'n Coke Istanbul
→ *2 dias, datas variam*
Maior festival a céu aberto. Pop-rock.
Setembro-novembro
Bienal Internacional de Artes Plásticas
→ *2 meses, anos ímpares*
Salão do Livro
→ *1ª semana nov*
No Centro de Congressos Tüyap, a oeste da cidade.
Festival de Blues Efes Pilsen
→ *Início nov*
Salão de Antiquários
→ *Meados nov*
No Centro Tüyap.

ORÇAMENTO

O custo de vida é um pouco mais baixo do que em outras capitais turísticas, mas supera o das demais áreas do país.
Hospedagem
Um quarto de casal no centro: a partir de TL80.
Restaurantes
Um kebab: a partir de TL5. Uma refeição: a partir de TL12. Os preços indicados neste guia valem para uma entrada e um prato ou um prato e uma sobremesa com bebida. Gorjeta não incluída (acrescente 10% se o serviço foi satisfatório).
Diversão
Ingresso e um drinque em uma boate: TL50.
Visitas
Entrada em museu: de TL10 a TL35 para os mais concorridos. Meia-entrada nas atrações turísticas com a carteira internacional de estudante. Gratuito com o Museum Pass (72h, TL85).

PRONÚNCIA

c: dj (como em 'Djalma')
ç: tch (como em 'tchau')
ş: ch (como em 'chefe')
ğ: mudo, prolonga a vogal anterior
s: tem sempre som de 's'
â: ia
ı: 'i' fechado, gutural
ö: 'ê' fechado
ü: 'u' francês (com biquinho para falar 'u' mas falar 'i')

HORÁRIOS

Horários abreviados e alguns estabelecimentos fechados no Ramadã.
Museus
→ *Em geral, ter-dom 9h30-16h30, com exceções*
Restaurantes
→ *Serviço contínuo (9h-24h)*
Lojas
→ *Seg-sáb 9h30-19h; centros comerciais e İstiklâl Caddesi* (**D** A4) *Diariam 9h30-22h*

ARQUITETURA

Estilo bizantino
330: Bizâncio, cidade grega fundada por volta de 657 a.C. por Byzas, romana desde 64 a.C., é chamada "Nova Roma" por Constantino. Surge o estilo bizantino, muito contrastado: fachadas em tijolos grosseiros, mas interiores refinados (mármore, mosaicos com fundo dourado, capitéis esculpidos).
Santa Sofia (A B4), **Kariye Müzesi (C** B3)
Estilo otomano
1453: os otomanos tomam Constantinopla. Nascimento de uma arquitetura herdada dos estilos árabe, persa e bizantino. Minaretes alongados, minbars em mármore, paredes forradas de cerâmica de Iznik... Um gênio se destaca: o arquiteto imperial Mimar Sinan (1489-1588).
Mesquita de Suleiman (B B3), **Mesquita Azul (A** B5), **Palácio de Topkapi (A** C3)
Estilo barroco
Sécs. XVIII-XIX: fim do Império Otomano. Surgimento dos estilos barroco e rococó, matizados de neoclassicismo e elementos orientais.
Palácio de Dolmabahçe (E A4), **Mesquita de Ortaköy (E** E3)
Os "yali"
O séc. XIX vê surgir estas residências de verão em madeira, construídas nas margens do Bósforo por altos dignitários do império.
Arnavutköy (E F1)

Atrações imperdíveis

Os dez lugares que você não pode deixar de visitar

✪ Santa-Sofia / Ayasofya (**A** B4)
Não deixe de ver a famosa Basílica de Santa Sofia, cujas dimensões gigantescas fizeram dela a maior igreja do mundo até a construção da Catedral de Sevilha, nove séculos depois. Construída no séc. VI, essa basílica foi convertida em mesquita no séc. XV e depois em museu em 1934. Sua magnífica decoração ainda guarda muitos segredos, já que, depois de uma restauração, um mosaico que retrata um rosto de anjo foi descoberto em 2009!

✪ Mesquita Azul / Sultanahmet Camii (**A** B5)
Diante da imponente Santa Sofia, a Mesquita Azul (séc. XVII) exibe a arquitetura elegante desejada pelo sultão Ahmed I, que podia entrar a cavalo em sua sala particular! O edifício é deslumbrante, com seu interior majestoso, decorado com o estilo floral da louça de Iznik. Uma obra-prima.

✪ Cisterna da Basílica / Yerebatan Sarnıcı (**A** B4)
Pertinho da Mesquita Azul e da Basílica de Santa Sofia, uma entrada discreta não deixa transparecer o que se encontra no subsolo, ainda que seja um dos tesouros de Istambul. Reconstruída no séc. VI, essa imensa cisterna, antigo reservatório da água da cidade, é um lugar quase místico, onde se caminha por entre 336 colunas, ao som da tranquila música sufista. Nesse local foram filmadas cenas de *Moscou contra 007* (1963).

✪ Palácio de Topkapı / Topkapı Sarayı (**A** C3)
Suas cozinhas, imensas e refinadas, lembram aos visitantes que viveram nesse edifício, do séc. XV ao XIX, cerca de 4 mil pessoas. O harém do palácio mexe com a imaginação, e seu tesouro parece saído direto dos contos de *As mil e uma noites*, com lustres com 50kg de ouro incrustados de diamantes, ou a célebre adaga decorada com três esmeraldas enormes...
O Topkapi propicia uma vista maravilhosa da cidade, do mar de Mármara e do Bósforo.

✪ Antiga Igreja de São Salvador em Chora / Kariye Müzesi (**C** B3)
Localizada próximo de velhas muralhas do séc. V, essa igreja antiga transformada em museu tem mosaicos e afrescos que estão entre os mais bonitos do mundo bizantino. Executados no séc. XIV, recobertos dois séculos depois por motivos religiosos, eles ficaram dessa maneira protegidos dos estragos do tempo, até que foram redescobertos no séc. XX.

✪ Torre de Gálata / Galata Kulesi (**D** A6)
Inconfundível ponto de referência de Istambul, com 68m de altura. Foi dessa torre genovesa que Hezarfen Ahmet Çelebi se lançou, no séc. XVII, com as asas que ele confeccionara, e pousou do lado asiático. Hoje parece mais sensato simplesmente tomar um café e observar o esplêndido panorama de 360° da cidade.

✪ Avenida da Independência / İstiklâl Caddesi (**D** A4)
É ao redor dessa artéria, entre Tünel e Taksim, que bate o coração da moderna Istambul. Ao longo dessa antiga rua principal de Pera existe uma mistura cosmopolita e diversificada de igrejas, mesquitas e sinagogas, centros culturais, embaixadas e uma profusão de lojas animadas por uma multidão compacta. À noite, restaurantes, bares e cafés assumem o primeiro plano.

✪ Palácio de Dolmabahçe / Dolmabahçe Sarayı (**E** A4)
O maior palácio da Turquia (1856) foi a casa do último sultão. A mistura dos estilos rococó, neoclássico e otomano, as coleções de objetos incríveis, como lustres de cristal de Baccarat e da Boêmia (o maior do mundo), tudo isso é prova de um luxo sem precedentes. Foi também nesse local que o último proprietário, Mustafá Kemal Ataturk, o fundador e primeiro presidente da República Turca, deu seu último suspiro em 10 de novembro de 1938.

✪ Torre de Leandro / Kız Kulesi (**F** A1)
Construído no séc. XVIII, esse é o único farol do mundo situado entre dois continentes. O lugar em que ele está, devido à localização estratégica entre o mar de Mármara (ao sul), o Chifre de Ouro (a oeste) e o Bósforo (ao norte), é ocupado pelo homem há mais de 2.500 anos. Hoje, barcos levam e trazem os visitantes todos os dias, para que aproveitem a vista excepcional do terraço para a cidade e todas as centenas de barcos que passam por ali.

✪ Ilhas dos Príncipes / Kızıl Adalar (**F** A6)
Situadas a menos de 20km de Istambul (e 45 minutos de barco), as cinco ilhas acessíveis desse pequeno arquipélago constituem um refúgio precioso longe da agitação urbana. Os veículos, as lojas ruidosas e os imóveis dão lugar às carroças, aos mosteiros e à vegetação. Pode-se serpentear pelos caminhos trilhados pelos príncipes bizantinos no exílio, ao redor de mansões burguesas – as segundas residências dos ricos de Istambul. Ideal para passar um dia tranquilo.

Informações práticas

Perfil da cidade

- 14 milhões de habs.
- Maior cidade da Turquia
- Moeda: lita turca (Yeni Türk Lirası, YTL) 1€ = TL3
- Inverno fresco e chuvoso, verão quente
- 10,4 milhões de turistas/ano

Localize-se

- O Bósforo divide a cidade em dois: margem europeia (Rumeli) a oeste, margem asiática (Anadolu) a leste
- O Chifre de Ouro separa em dois a parte europeia
- Mar de Mármara ao sul
- Mar Negro ao norte

ISTAMBUL, ENTRE A EUROPA E A ÁSIA

Internet

Sites

→ *www.goturkey.com*
Site do ministério turco da Cultura e do Turismo.
→ *www.istanbulguide.net*
O mais completo. Em turco, francês e inglês.
→ *www.istanbul.com*
Boas informações práticas e culturais. Em inglês.
→ *www.istanbullife.org*
Informações turísticas.

Cibercafés

Encontram-se cibercafés na maior parte dos bairros de Istambul. Alguns hotéis e centros de compras também oferecem acesso Wi-Fi. Tarifas até TL10/h.

Informações turísticas

Sultanahmet (**A** B4)
→ *Divan Yolu Cad. nº 3 Tel (0212) 518 18 02 / (0212) 518 87 54 Diariam 9h30-18h (17h30 inverno)*

Outros órgãos de turismo
→ *Karaköy Iskelesi* (**D** A6)
Tel (0212) 249 57 76
→ *Estação de Sirkeci* (**A** B2)
Tel (0212) 511 58 88
→ *Entrada do Hotel Hilton Taksim* (**D** C3)
Tel (0212) 233 05 92
→ *Aeroporto Atatürk, saguão de chegada internacional*
Tel (0212) 465 31 51

Consulado-Geral do Brasil em Istambul
→ *http://istambul.itamaraty.gov.br/pt-br/*

Telefone

Ligação local
→ *Prefixos: 0212 (lado europeu) e 0216 (lado asiático); para chamadas entre eles.*

Brasil-Istambul
→ *00 + oper. + 90 + código local sem zero + número*

Istambul-Brasil
→ *00 + oper. + 55 + cód. cidade sem zero + número*

Telefones úteis
Ambulâncias
→ *Tel 112*
Polícia
→ *Tel 155*
Bombeiros
→ *Tel 110*

Cartões telefônicos
À venda em quiosques e nos correios.

Calendário

Feriados oficiais
→ *1º jan; 23 abr (festa da Soberania e das Crianças), 19 mai (festa da Juventude e dos Esportes), 30 out (festa da Vitória sobre a Grécia em 1922), 29 out (festa da República, proclamação da República de 1923), 9 nov (aniversário da morte de Atatürk, não é feriado, mas os locais de diversão estão fechados)*

Festas muçulmanas
Variam de ano para ano em função do calendário lunar.
Ramazan
Mês de jejum do Ramadã.
Seker Bayramı
Festa do Açúcar (3 dias), fim do Ramadã (feriado).
Kurban Bayramı
Festa do Sacrifício (feriado).

Informações sobre festividades
Istanbul Foundation for Culture and Arts (IKSV) (**D** A5)
→ *Sadi Konuralp Cad. nº 5 Tel (0212) 334 07 00 www.iksv.org*

Abril-maio
Festival Internacional de Cinema
→ *Abr*
Festival da Tulipa
→ *Fim abr-início mai*
No parque de Emirgan, ao norte da cidade (fora do mapa).
Hıdırellez
Festa da primavera.
Conquista de Istambul
→ *29 mai*
Reconstituição da tomada de Constantinopla (1453)
Festival Internacional de Teatro
→ *Meados mai-início jun*

ISTAMBUL

Seu Guia Passo a Passo

A **Bizâncio** dos gregos, a **Constantinopla** dos romanos, a única cidade do mundo que se encontra em dois continentes é agora gigantesca, cheia de vida, habitada por mais de 15 milhões de pessoas. Mas a **cidade milenar** permanece, provocando encantamento onde os arranha-céus dos bairros de negócios não conseguem competir com a elegância de centenas de **minaretes** esguios que apontam para o céu. Em **Sultanahmet**, a cidade velha, cada passo parece conduzir a uma obra-prima: **Santa Sofia**, a Mesquita Azul, o Palácio de **Topkapı**! Bem perto, Eminönü – bairro sob o qual passa o novíssimo túnel ferroviário de Marmaray – exibe seu porto frenético e sua ponte móvel e aponta o caminho para **Karaköy** e Galatasaray: bem-vindos à Istambul moderna, cidade das lojas, das galerias de arte, das casas noturnas, da juventude cheia de **energia**. Seja qual for a colina em que você estiver (são sete, como em Roma), a água parece ser onipresente e pode até servir de guia para descobrir o resto da cidade: a nordeste, o estreito de **Bósforo**, um sinal de união entre a Europa e a Ásia, cujas margens se revestem de belos palácios. A noroeste, o braço de mar do **Chifre de Ouro**, cortando o território de Istambul e tão bem descrito por Pierre Loti. Ao sul, o mar de **Mármara**, onde se sucedem as encantadoras ilhas dos Príncipes. Quanto à Istambul terrestre, ela se revelará a quem se atrever a perambular por ruas populares, a se perder nas vielas dos **bazares**, a parar para saborear um chá, a fumar um **narguilé**, a jogar uma partida de ***tavla*** ou a comer um sanduíche de peixe ou espetinhos em um **restaurantezinho**... Os cinco sentidos nunca dormem, porque Istambul é um lugar para ver, sentir, tocar, escutar e degustar... Com seu **Guia Passo a Passo Istambul**, a cidade espera por você!

Bem-vindo a Istambul!

A Sarayburnu / Sultanahmet

B Kumkapı / Kapalı Çarşı / Eminönü / Süleymaniye

C Fatih / Fener / Balat / Eyüp / Hasköy

D Karaköy / Galatasaray / Beyoğlu / Taksim

E Dolmabahçe / Beşiktaş / Ortaköy / Kuruçeşme

F Üsküdar / Kadıköy

MESQUITA AZUL

PALÁCIO DE TOPKAPI

CISTERNA DA BASÍLICA

TORRE DE LEANDRO

SANTA-SOFIA

Informações práticas

BAZAR EGÍPCIO

CERÂMICA

O BÓSFORO

Sanat Haritası e *Keyif Rehberi* ou o mensal turco *İstanbul Life*. À venda em todas as livrarias e quiosques.
www.mymerhaba.com

Espetáculos

Reservas Biletix (D B4)
→ *Tel (0216) 556 98 00 Diariam 8h30 (10h dom)-21h30 www.biletix.com*
Som e luzes na Mesquita Azul (**A** B5)
→ *Mai-set: diariam ao anoitecer*
Espetáculo gratuito.

Atatürk Kültur Merkezi (AKM) (D C4)
→ *Mete Cad.*
Tel (0212) 251 56 00
O Centro Cultural Atatürk: sala de espetáculos, ópera e mesquita.

Cemal Reşit Rey Salonu (CRR) (D C2)
→ *Darülbedayi Cad. nº 1*
Tel (0212) 232 98 30
Complexo cultural: música e dança.

Akbank Sanat (D B4)
→ *İstiklâl Cad. nº 8*
Tel (0212) 252 35 00
Centro cultural: teatros, concertos, exposições etc.

Cemil Topuzlu Açıkhava Tiyatrosu (D C3)
→ *Taşkışla Cad., Maçka Parkı Reservas Biletix Abr-set*
Teatro ao ar livre, apresenta espetáculos e festivais.

Aya İrini Kilisesi (A C3)
→ *Topkapı Sarayı*
Reservas Biletix
Concertos de música clássica e religiosa na maravilhosa Igreja Bizantina de Santa Irene.

Vida noturna

Para uma noite animada, vá até Ortaköy (**E** D3), Kuruçesme (**E** F1) ou Kadiköy (**F** C5), bairros onde a juventude se encontra no fim de semana.

COMPRAS

Livros, discos e roupas ao longo da İstiklâl Cad. (**D** A4), a via comercial de Istambul, e nos centros comerciais. Para artesanato turco e da Ásia Central, vá ao Grande Bazar (**B** C4) e ao bairro de Sultanahmet. Butiques chiques e estilistas em voga, no bairro de Nişantaşı (**D** D1). Loukoums, temperos e produtos alimentícios, no bazar egípcio (**B** D3).

ISTAMBUL DIFERENTE

Istambul de barco
Cruzeiro no Bósforo, subida do Chifre de Ouro ou excursão até as ilhas dos Príncipes.

Istambul de bonde
O "bonde nostálgico", que fez cem anos, percorre diariamente a avenida İstiklâl (**D** A4).

Ilhas dos Príncipes (F A6)
De charrete, a pé ou de bicicleta, entre pinheirais e antigas casas do séc. XIX.

O BÓSFORO

→ *Veja* Transportes e Hospedagem, *no final do guia*
Estreito fabuloso de 30km, do mar de Mármara ao mar Negro, entre os lados asiático e europeu de Istambul. Aldeias de pescadores, fortalezas e maravilhosas *yalı* (residências otomanas de madeira do séc. XIX) para descobrir em cruzeiros ou em várias etapas. **Boğaziçi Köprüsü:** primeira ponte do Bósforo (1.560m). **Beylerbeyi Sarayı:** palácio de Beylerbeyi (1865) em estilo barroco. **Arnavutköy, Bebek, Kandilli:** aldeias coloridas, com belas *yalı*. **Küçüksu Kasrı:** pequeno palácio imperial (1856). **Rumeli Hisarı:** a imponente fortaleza da Europa (1453). **Anadolu Hisarı:** a fortaleza da Ásia (1395). **Fatih Köprüsü:** segunda ponte do Bósforo. **Kanlica:** aldeia renomada por seu iogurte. **Emirgan Parkı:** o maior parque de Istambul. **Yeniköy:** esplêndidas *yalı* coloridas. **Beykoz:** importante aldeia de pescadores. **Büyükdere:** museu Sadberk Hanım (artesanato otomano) e excursão à floresta de Belgrado. **Sariyer:** porto pesqueiro, restaurantes de peixes. **Rumeli Kavağı:** última parada do ferryboat na margem europeia. Castelo do séc. XII sobre a colina. **Anadolu Kavağı:** fim do cruzeiro. Pequena fortaleza do séc. XIV.

CENA DE RUA

PAIXÕES LOCAIS

Pesca
As águas piscosas do Bósforo atraem todos os dias uma miríade de barcos e pescadores com linha.
Futebol
Três times de primeira divisão, com torcedores apaixonados...
Partidas nos fins de semana.
Galatasaray (**E** A1)
→ *Estádio Ali Sami Yen Tel (0212) 444 74 34*
Fenerbahçe (**F** D5)
→ *Estádio Şükrü Saracoğlu Kadiköy Tel (0216) 542 17 59*
Beşiktaş (**D** D3)
→ *Estádio Inönü Tel (0212) 236 72 01*

Bancos
→ *Em geral, seg-sex 9h-12h30, 13h30-17h30*
Correio
→ *Seg-sáb 8h-24h, dom 9h-19h (agências centrais)*

PARA COMER

Hábitos
Café da manhã farto (chá, queijo, azeitonas, geleia e pão); por volta das 12h, almoço leve (saladas, sanduíches, lanches); das 20h, jantar à base de *meze* (variedade de entradas), carnes e peixes. As *meze*, em geral acompanhadas de *rakı*, são postas no centro da mesa.
Estabelecimentos
Meyhane
Taberna tradicional, para comer *meze* e *rakı* ao som de canções populares.
Lokanta
Estabelecimento popular e barato. Só os *içkili lokanta* servem bebida alcoólica.
Kebapçı
Barraca de kebab e *şiş*.
Pideci
Especializado em *pide* (pizzas turcas).
Işkembeci
Restaurantes que servem miudos e tripas, reservados para fins de noite
Ocakbaşı
Restaurante pequeno onde as carnes são grelhadas numa churrasqueira no meio da sala.
Büfe
Quiosques de sanduíches e lanches para levar.
Çai Bahçesi
Jardim para tomar chá.
Especialidades turcas
Ayran: iogurte salgado
Börek: bolinho recheado, geralmente de queijo ou espinafre
Çiğ köfte: bolinhas de carne crua
Gözleme: panquecas salgadas
Kebab (ou kebap): carne grelhada (boi, cordeiro)
Köfte: bolinhas de carne
Kokoreç: tripas de carneiro temperado com leite e especiarias
Lahmacun: pizza fina com carne
Pastırma: carne de boi seca e apimentada
Pide: pizza turca
Piyaz: salada de feijão branco
Sahlep: bebida quente à base de raízes de orquídeas e leite
Şiş: brochettes
Tavuk göksu: pudim de peito de frango e leite

PASSEIOS

Guias oficiais ou oficiosos (atenção às tarifas) oferecem seus serviços nos pontos turísticos.
Visitas guiadas
Kirkit Voyage (A B5)
→ *Amiral Tafdil Sokak nº12 www.kirkit.com*
Tel (0212) 518 22 82
Visitas à cidade, excursões nos arredores.
Istanbul Insolite (**D** B2)
→ *Bay Sungur Sk. nº 43/2 Tel (0212) 241 28 46 www.istanbulinsolite.com*
Visitas temáticas à Istambul secreta das estalagens para caravanas, bairros populares...
Mesquitas
Abertas todos os dias desde o amanhecer até o anoitecer. Os não muçulmanos devem evitar visitá-las nos horários de oração (cinco vezes ao dia e nas sextas-feiras de manhã, dia da grande oração). É obrigatório tirar os sapatos antes de entrar e usar roupas recatadas (cabeça e ombros cobertos para mulheres).

DIVERSÃO

Programas
Para a programação, consulte os suplementos em inglês nas revistas, *Kültur*

AYASOFYA / SANTA SOFIA

YEREBATAN SARNICI

▲ Mapa B

★ Topkapı Sarayı / Palácio de Topkapı (**A** C3)
→ *Babıhümayun Cad. Tel (0212) 512 04 80 Qua-seg 9h-16h45 (18h45 meados abr-set)*
Construído a partir de 1459 sob as ordens de Mehmet II, o Palácio de Topkapı foi durante quatro séculos a residência dos sultões otomanos. Miniaturas preciosas, a fabulosa Sala do Tesouro, admirável quiosque de Bagdá, porcelanas chinesas... Uma viagem ao coração do luxo e do poder otomanos. O que causa maior fascinação é o harém, um labirinto de apartamentos forrados de cerâmica de Iznik, onde as mulheres e os irmãos do sultão eram guardados sob a vigilância dos eunucos.

★ Istanbul Arkeoloji Müzesi (**A** C3)
→ *Osman Hamdi Bey Yokuşu Sk. Tel (0212) 520 77 40 Ter-dom 9h-17h*
Originárias da Babilônia, da Pérsia ou de Sidon, esplêndidas coleções que refazem a história do Oriente em três museus: Oriente antigo (baixo-relevo da porta de Ishtar, séc. VI a.C.), Antiguidades (sarcófago das Carpideiras, séc. VI a.C.) e Cerâmica (quiosque das Louças, séc. XV).

★ Soğukçeşme Sokağı (**A** B4)
Uma volta ao tempo da velha Istambul na "rua da Fonte Fria". Essa ruela de pedestres cercada de magníficas *konak* (casas tradicionais de madeira dos sécs. XVIII-XIX) de tons pastel desce suavemente até a graciosa fonte de Ahmet III (1729), atrás da Santa Sofia, até a entrada do parque de Gülhane.

★ Ayasofya / Santa-Sofia (**A** B4)
→ *Ayasofya Meydanı nº 1 Tel (0212) 522 17 50 Meados abr-set: ter-dom 9h-19h; out-meados abr: ter-dom 9h-18h*
Suprema maravilha da civilização bizantina, a basílica símbolo de Constantinopla, construída de 532 a 537 e transformada em mesquita em 1453, tornou-se museu graças a Atatürk, em 1935. Passe pelos muros de arrimo no exterior e mergulhe com prazer nos volumes altos da nave: a fantástica cúpula de 56m de altura e 31m de diâmetro, de majestade e requinte únicos, misturando com harmonia elementos das arquiteturas bizantina e muçulmana. Para completar o espetáculo, veja os esplêndidos mosaicos (sécs. X a XIII) dos púlpitos.

★ Yerebatan Sarnıcı (**A** B4)
→ *Yerebatan Cad. nºs 1-3 Tel (0212) 522 12 59*

TOPKAPI SARAYI / PALÁCIO DE TOPKAPI

ARKEOLOJİ MÜZESİ

SOĞUKÇEŞME SOKAĞI

A

Sarayburnu / Sultanahmet

É aí, na confluência do Bósforo com o Chifre de Ouro, antiga Bizâncio, que foram escritas as maiores páginas da história de Constantinopla. Sobre essa península coberta de minaretes e de monumentos famosos, caminhamos através dos séculos: Santa Sofia desafia a Mesquita Azul, enquanto o Palácio de Topkapi, maravilha de refinamento, guarda seus antigos tesouros. A alguns passos daí, estão as vielas de Sultanahmet, local dos hotéis, em parte reservadas a pedestres. Enquanto Sirkecı Garı, a estação do Orient Express testemunhou as últimas horas do Império Otomano, o Marmaray, túnel ferroviário sob o Bósforo, é uma das mais recentes obras do local.

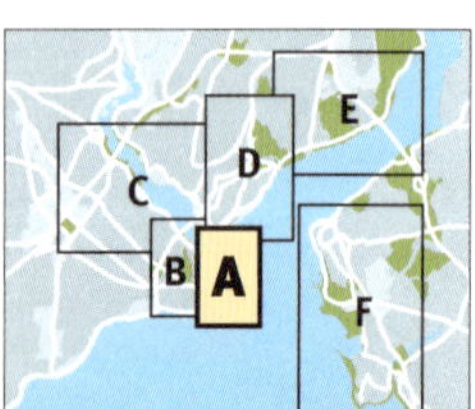

RUMELİ CAFÉ

TARİHİ SULTANAHMET KÖFTECISI

RESTAURANTES

Karadeniz (**A** A4)
→ *Divan Yolu Cad., Hacı Tahsin Bey Sk. nº1 Tel (0212) 522 91 91 Diariam 8h-23h*
Um bom endereço para almoçar rapidamente sem gastar muito. Kebap, espetinhos de cordeiro, pide assadas no forno tradicional a lenha. Porções fartas. Refeição a partir de TL15.

Hoca Paşa Pidecisi (**A** B3)
→ *Hoca Paşa Sk. nº 19 Tel (0212) 512 09 90 Diariam 8h-20h (18h dom)*
Escondido numa sequência de pequenos restaurantes de preço acessível, um terraço coberto por pérgula para degustar fartas pide, acompanhadas de um copo de ayran. Ideal para um almoço rápido. Não serve álcool. Refeição a partir de TL17.

Rumeli Café (**A** B4)
→ *Ticarethane Sk. nº 8 Tel (0212) 512 00 08 Diariam 9h-24h*
Ambiente tranquilo nas salas de tijolos aparentes com arcos. À la carte, clássicos turcos, tão bons quanto bem apresentados: raviólis da Capadócia, cordeiro à otomana etc. No verão, terraço na cobertura com vista para a Mesquita Azul (reservar). Bar moderno e cozinha mediterrânea no Mozaik Cafe, o restaurante vizinho. Prato a partir de TL17.

Magnaura Cafe (**A** C5)
→ *Akbıyık Cad. nº 27 Tel (0212) 518 76 22 Diariam 10h-2h*
Em rua histórica renovada, um restaurante ao qual sempre se volta. Cozinha variada, entre moderna e tradicional. Grande variedade de pratos e vinhos com boa relação custo-benefício, apesar de o serviço às vezes ser irregular. Prato a partir de TL18.

Tarihi Sultanahmet Köftecisi (**A** B4)
→ *Divan Yolu Cad. nº 12 Tel (0212) 513 64 68 Diariam 10h30-23h (23h30 sáb-dom)*
Ao meio-dia forma-se uma pequena fila na calçada: a reputação das köfte (almôndegas) é antiga. Servidas com piyaz (salada de feijão branco) e arroz em um ambiente simples e familiar. Pequeno presente entre duas visitas. Não serve álcool. Refeição a partir de TL20.

Konyalı Restaurant (**A** C3)
→ *Topkapı Sarayı Tel (0212) 513 96 96 Qua-seg 11h30-17h (19h verão)*
Uma localização imperial para essa casa gastronômica fundada em 1897 e instalada em 1967 no

OL TAŞ KAHVESI

ALİ MUHİDDİN HACI BEKİR

LES ARTS TURCS

coração do Palácio de Topkapı. Um desfile de especialidades otomanas... e de embarcações no Bósforo, lá embaixo. Prato a partir de TL60 (self-service mais barato).

Sarnıç (**A** B4)
→ *Soğukçeşme Sk. Tel (0212) 512 42 91 Diariam 19h-24h (último pedido 22h30)*
Menos procurado pela cozinha franco-turca do que pela decoração excepcional dessa antiga cisterna bizantina iluminada por velas. Aconselha-se reservar. Refeição a partir de TL65.

Balıkçı Sabahattin (**A** B5)
→ *Seyit Hasan Sk. nº 50 Tel (0212) 458 18 24 Diariam 12h-24h*
Uma linda casa vermelha de madeira com um grande terraço florido, tomado de assalto à noite pela alta sociedade de Istambul. Uma sucessão cativante de meze de frutos do mar, peixes grelhados, sobremesas e bebida à vontade, tudo ao som de acordeão nos fins de semana. Necessário reservar. Refeição a partir de TL90.

CAFÉS, JARDIM DE CHÁ

Küçük Ayasofya Medresesi (**A** A5)
→ *Küçük Ayasofya Cad. Tel (0212) 265 47 08 Diariam 9h-21h*
Ao pé da Pequena Santa Sofia, uma madraça transformada em centro artesanal, com um jardim onde se pode passar horas bebericando um café turco.

Cafe Meşale (**A** B5)
→ *Arasta Çarşısı nº 45 Tel (0212) 518 95 62 Diariam 24h*
Entre as compras no Bazar Arasta, um descanso para saborear gözleme (panquecas salgadas) e fumar o narguilé. À noite (primavera e verão), espetáculos de derviches giradores. Turístico, não é barato, mas vale a pena pela atmosfera.

Erol Taş Kahvesi (**A** C5)
→ *Ahırkapı Sk. nº 18 Tel (0212) 518 13 34 Diariam 7h-1h*
A poucos passos do bairro dos hotéis, bancos acolhedores para fumar narguilé ou imitar os frequentadores, estudantes, jornalistas e velhos ribeirinhos que jogam gamão. Um café autêntico, como antes da transformação turística do bairro.

HAMMAM

Ayasofya Hürrem Sultan Hamamı (**A** B4)
→ *Ayasofya Meydanı nº 2 Diariam 9h-20h (para homens e mulheres em locais separados)*
Esse maravilhoso banho turco do séc. XVI é o lugar ideal para receber uma massagem e descansar. Local histórico e excepcional entre a Santa Sofia e a Mesquita Azul. Entrada, peeling e massagem: de TL150 a TL250.

COMPRAS

Arasta Halı (**A** B5)
→ *Mimar Mehmet Ağa Cad. nº 36 Tel (0212) 517 89 43 Diariam 9h-20h (22h verão)*
Você encontra tudo com que se possa sonhar: joias, lenços, frascos de especiarias antigas, louças, bolsas de couro, tapetes, *kilims*... por preços muito decentes.

Ali Muhiddin Hacı Bekir (**A** A2)
→ *Hamidiye Cad. nº 83 Tel (0212) 522 06 66 Diariam 8h30 (9h dom)-20h*
Um especialista em loukoums (doces) desde 1777. Estão entre os melhores da cidade: pequenas delícias de pistache, amêndoa ou rosa, para saborear com os dedos e se lambuzar de açúcar de confeiteiro.

Leather Pekcan Collection (**A** B4)
→ *Alemdar Cad. nº 18 Tel (0212) 519 06 33 Diariam 9h30-21h*
Uma loja que cheira couro. Belas bolsas, sacolas e *çarık*, calçados otomanos de pontas levantadas no estilo babucha, vindos diretamente de Gaziantep. Artesanato no local.

Les Arts Turcs (**A** B4)
→ *İnçili Çavuş Sk. nº 19, 3º andar Tel (0212) 527 68 59 Diariam 10h-22h*
Além de caligrafias, miniaturas e uma seleção de música de todo o mundo, encontra-se nessa loja uma mina de informação sobre a cidade e os dervixes dançarinos. Pergunte por Nurdoğan.

Prens Leather (**A** B4)
→ *Yerebatan Cad. nº 5, 2º andar Tel (0212) 522 05 70 Diariam 9h-20h (mais tarde com hora marcada)*
Se você procura uma jaqueta ou uma calça de couro, bem como peças de todo tipo de pele, essa loja é o lugar mais indicado. Os preços são bem altos, mas a qualidade e a variedade de artigos compensam.

SULTANAHMET CAMİİ / MESQUITA AZUL

MOZAİK MÜZESİ

TÜRK VE İSLAM ESERLERİ MÜZESİ

▶ Mapa D

▼ Mapa F

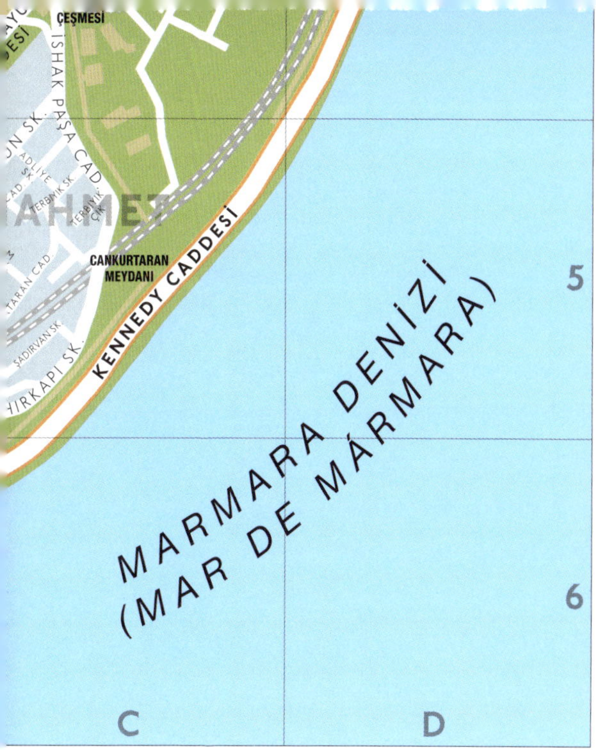

KÜÇÜK AYASOFYA

SİRKECİ GARI

ariam 9h-17h30 (18h verão)
; profundezas de uma
sterna bizantina e suas
32 colunas, com fundo
e música sufi: muito
ncantador, comovente
refrescante.

Sultanahmet Camii / esquita Azul (**A** B5)
At Meydanı Sk.
l (0212) 458 49 83 Diariam manhecer-anoitecer
onstruída em 1616 sob as dens de Ahmet I para de-fiar a grandiosidade de anta Sofia, a Mesquita zul enfrenta sua rival do al- de seus seis minaretes. s milhares de azulejos de nik na sala de orações lhe io um tom azulado, uma leveza elegante salientada pelas 260 janelas e a sequência aérea de cúpulas e semicúpulas.

★ **Mozaik Müzesi** (**A** B5)
→ *Arasta Çarşısı Tel (0212) 518 12 05 Ter-dom 9h-18h*
Os últimos pisos de mosaico (sécs. V e VI) do Grande Palácio bizantino conservados no local original. Cenas pastorais, animais fantásticos e um emocionante Dioniso de barba em folhas.

★ **Türk ve İslam Eserleri Müzesi** (**A** B5)
→ *At Meydanı Sk. nº 46*
Tel (0212) 518 18 05 Ter-dom 9h-17h (19h meados abr-out)
O Museu de Artes Turcas e Islâmicas, situado no magnífico palácio do vizir Ibrahim Paşa (1524), foi reformado em 2014. Coleções suntuosas de tapetes, louças, caligrafias... e uma seção etnográfica dedicada às diferentes moradias tradicionais.

★ **Küçük Ayasofya** (**A** A6)
→ *Küçük Ayasofya Cad.*
Diariam amanhecer-anoitecer
Um pouco fora do circuito turístico, a igreja bizantina de São Sérgio e São Baco (séc. VI), convertida em mesquita no séc. XVI, é conhecida como "Pequena Santa Sofia", porque teria servido de modelo para a imponente basílica. Uma beleza discreta, que não se deve deixar de conhecer.

★ **Sirkeci Garı** (**A** B2)
→ *Ankara Cad.*
Tel (0212) 527 65 75
***Museu** Ter-sáb 9h-17h*
Um perfume de velha Europa flutua na antiga estação do Orient Express (1890), que ocupa um belo edifício de linhas neoclássicas e detalhes orientais. Um pequeno museu reúne as lembranças do "trem dos reis, o rei dos trens", que depois de 1977 não fez mais do que uma viagem por ano até Istambul.

KAPALI ÇARŞI / GRANDE BAZAR

BÜYÜK VALİDE HAN

★ **Kumkapı** (**B** C6)
O antigo bairro dos pescadores, banhado pelas águas do mar de Mármara, ideal para passear entre as casas de madeira das ruelas populares. Ao longo dos cais, um mercado de peixes se anima desde cedo com os gritos dos vendedores. À noite, uma febre boêmia invade as tabernas de peixes de Çapari Sokak, onde os habitantes e turistas se deixam levar pelo som do fasıl... com grandes goles de rakı.

★ **Beyazıt Meydanı**
(**B** C4)
Uma bela praça pavimentada, dominada pela elegante Mesquita Beyazıt (1505) e o monumental portal mourisco (1886) da universidade. Logo atrás se ergue a torre de Beyazıt (1828), antigo posto de vigilância contra incêndios. Animação constante garantida pelos vendedores de cereais e o revoar dos pombos. Mais além, o mercado de livros (Sahaflar ÇarşIsI).

★ **Türk Vakıf Hat Sanatları Müzesi**
(**B** B4)
→ *Beyazıt Meydanı Tel (0212) 527 58 51 Ter-sáb 9h-16h*
Quando a escrita se torna arte... Belos exemplos de caligrafia expostos na antiga madraçal da Mesquita Beyazıt. Um museu minúsculo para uma grande arte originária da tradição islâmica. Não deixe de ver as esplêndidas *tuğra*, assinaturas dos sultões.

★ **Kapalı Çarşı / Grand Bazar** (**B** C4)
→ *Seg-sáb 8h30/9h-19h/19h30*
Para se deixar levar pela vontade e pelas cores entre cerca de 4 mil lojas reluzentes do maior mercado coberto do Oriente. Templo das compras artesanais, infelizmente voltado para o turismo, o Grande Bazar ainda revela maravilhas das mais incomuns. Cerca de vinte *han* (caravançarás, pátios para repouso das antigas caravanas) ainda se escondem nesse labirin to: uma caça ao tesouro que, milagrosamente, sem pre leva o visitante perdid ao centro histórico do bazar, o Iç Bedesten (1453).

★ **Büyük Valide Han**
(**B** C4)
→ *Çakmakçılar Yokuşu, Tarakçılar Cad. Seg-sáb 7h-20h*
O maior caravançará de Istambul (1651) se esconde atrás de uma modesta porta de madeira, a dois passos do Grande Bazar. Com os outros, ele servia de entreposto e de abrigo para as caravanas de passagem Apesar do péssimo estado sempre é possível encon-

Kumkapı / Kapalı Çarşı / Eminönü / Süleymaniye

Seguindo o antigo traçado da principal artéria bizantina, a rua Divan Yolu e a avenida Yeniçeriler levam ao Grande Bazar, centro palpitante do comércio tradicional de Istambul. Um mergulho febril no coração do Oriente, com ruelas, *han* (pátios para repouso das antigas caravanas) e mercados em um labirinto que se estende até os vapores inebriantes do bazar egípcio. Também muito animados, os cais de Eminönü despejam uma enxurrada de passageiros sob o olhar longínquo da Mesquita de Suleiman, impassível e majestosa. Mais ao sul, à beira do mar de Mármara, comem-se peixes deliciosos nas tabernas de Kumkapı.

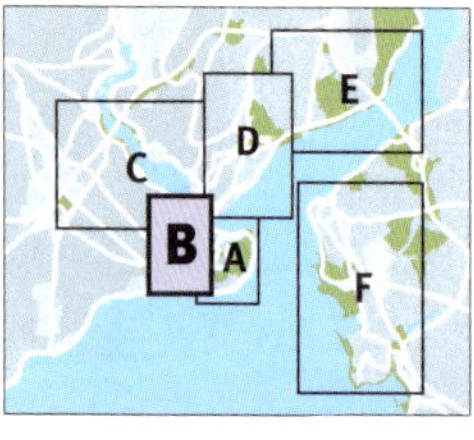

HAMDİ

PANDELİ

RESTAURANTES

Dürümcü Mustafa (**B** C3)
→ *Örüculer Kapısı Cad. nº 19 Tel (0212) 526 10 70 Seg-sáb 11h-17h*
Na saída do Grande Bazar, no meio dos joalheiros, espetinhos fartos e lahmacun (pizza fina de carne) por preços baixos: a partir de TL8.

Café Sultan (**B** C4)
→ *Halıcılar Cad. nºs 44-46-48 Tel (0212) 527 01 45 Seg-sáb 8h30-19h/20h*
No meio do Grande Bazar, ambiente simpático em sala minúscula. Ideal para comer rápido. Gözleme (espécie de pastel) e kasarlı tost (tostex de queijo) a partir de TL10.

Darüzziyafe (**B** B3)
→ *Şifahane Sk. nº 6 Tel (0212) 511 84 14 Diariam 12h-23h*
No cenário de sonho do *imaret* (refeitório popular) da Mesquita de Suleiman, o gênio de Sinan ainda paira sob as arcadas. Lindo pátio à sombra e pratos tradicionais turcos à base de legumes e azeite. Nada de álcool, mas sucos de frutas deliciosos. Refeição a partir de TL35.

Hamdi (**B** D3)
→ *Kalçın Sk. nº 17 Tel (0212) 528 49 91 Diariam 11h-1h*
Excelente cozinha em dois andares e grande terraço panorâmico, que dá para o porto de Gálata e a Mesquita de Suleiman. Passmos com o balé dos garçons, logo nos sentimos à vontade com ofıstıklı kebap (almôndegas de cordeiro com pistache), e, para os amantes de carne crua e sensações fortes, os çığ köfte ultrapicantes e os baklava, famosos em toda a cidade. Reserve nos fins de semana. Refeição a partir de TL45.

Pandeli (**B** D3)
→ *Mısır Çarşısı nº 1 Tel (0212) 527 39 09 Diariam 11h-19h*
Acima do bazar egípcio, as belas paredes de mosaicos azuis de Iznik e a vista para o cais de Eminönü ainda atraem muita gente, apesar de a cozinha não ser mais o que foi. Refeição a partir de TL50.

Kumkapı (**B** C6)
→ *Telli Odaları Sk. nº 55 Tel (0212) 516 40 02 Diariam 12h-2h*
Em Kumkapı, antigo bairro de pescadores, experimente o insuperável sabor picante do balik pastirmasi (peixe defumado). Marca registrada das noites para turistas e motivo da fama de Kumkapı, os músicos passam de mesa em mesa para

KUMKAPI

BEYAZIT MEYDANI

TÜRK VAKIF HAT
...NAT... MÜZESİ

ÇORLULU ALİ PAŞA MEDRESESİ

KRAL ELMAS

TRADITION

levar a dança a todas as *meyhane* da rua. Menu a partir de TL80.

Taşhan Arkat Restaurant (B A4)
→ *Fethibey Cad. Tashan nº 55/1 Tel (0212) 514 48 30*
Diariam 20h30-2h
Para comer num ambiente festivo, e no frescor de uma cisterna subterrânea quase milenar. Decoração própria para o espetáculo, que reúne dança do ventre, canto e dança folclórica. No cardápio, pratos tradicionais para degustar à luz de velas. Refeição a partir de TL120.

CAFÉS, JARDINS DE CHÁ

Çorlulu Ali Paşa Medresesi (B D5)
→ *Yeniçeriler Cad. nº 36/28*
Diariam 7h-24h (às vezes 3h no verão)
À sombra de um antigo madraçal, esse jardim de chá recebe os adeptos do narguilé nos eflúvios açucarados de tabaco perfumado com chocolate ou frutas. Para relaxar.

Şark Kahvesi (B C4)
→ *Yağlıkçılar Cad. nº 134*
Tel (0212) 512 11 44
Seg-sáb 8h30-19h
Cruzando os caminhos do Grande Bazar, turistas e fregueses recuperam o fôlego ao redor de um café turco, numa grande sala de encanto antiquado.

Fes Cafe (B C4)
→ *Halıcılar Cad. nº 62*
Tel (0212) 528 16 13
Seg-sáb 9h-19h
Sob os arcos do Grande Bazar, um lugar moderno para ler jornais e bebericar um espresso entre néons multicoloridos e pintura contemporânea.

Çay Bahçesi (B C4)
→ *Beyazıt Meydanı*
Diariam 8h-20h30
Perto da universidade, um terraço sob castanheiras onde famílias e estudantes são embalados pelo chamado para a oração na Mesquita Beyazit, que fica nas cercanias.

SAUNA (HAMMAM)

Çemberlitaş Hamamı (B D5)
→ *Vezirhan Cad. nº 8*
Tel (0212) 522 79 74
Diariam 6h-24h
Um dos mais bonitos *hammams* (1584) de Istambul. Sob as estrelas da cúpula, relaxe com o vapor e depois faça uma revigorante massagem energética. Turístico, mas inesquecível. A partir de TL60 com massagem.

COMPRAS

Sahaflar Çarşısı (B C4)
→ *Diariam 7h-20h*
Leitores ou simples curiosos, todos se comprimem entre as duas fileiras de livreiros do mais antigo mercado de livros da cidade (antiga *Chartoprateia* de Bizâncio).

Kurukahveci Mehmet Efendi (B D3)
→ *Tahmis Cad. nº 66*
Tel (0212) 511 42 62
Diariam 8h30-18h30
A melhor torrefação da cidade. Prova disso é a fila de espera, de onde todos saem com seu café turco moído, promessa de sabores fortes...

Kral Elmas (B D3)
→ *Hasırcılar Cad. nº 6*
Tel (0212) 513 88 93
Diariam 10h-18h
Grande opção de doces por preços baixos nessa loja bem próxima do bazar egípcio: loukoums de rosa ou de pistache, frutas secas e o incrível kayısı döneri, uma massa de abricó com pistache.

Namli Pastırmacı (B D3)
→ *Hasırcılar Cad. nºs 14-16*
Tel (0212) 511 63 93
Seg-sáb 7h-20h
Queijos, azeitonas e pastırma (carne bovina seca e temperada), uma mercearia cheia de aromas.

Kapalı Çarşı / Grand Bazar (B C4)
→ *Seg-sáb 8h30/9h-19h/19h30 (e alguns domingos)*

Tradition
→ *Rubiye Han nºs 11-12*
Tel (0212) 520 79 07
No bairro dos couros, tapeçaria e kilims para todos os gostos e bolsos – e os sábios conselhos de Florence, a "dama francesa", única comerciante estrangeira do bazar, instalado nesse ponto há mais de 25 anos.

Tombak Silver
→ *Şerifağa Sk. nºs 230-233*
Tel (0212) 528 37 31
Prata e pedras semipreciosas, para todos os gostos e por preços acessíveis.

Derviş
→ *Keseciler Cad. nºs 33-35, Halıcılar Cad. nº 51*
Tel (0212) 514 45 25
Artesanto turco de algodão. Belos guardanapos, toalhas de banho... e tudo para o bem-estar.

Sheherazade
→ *Kürkçüler Sk., entrada na Rubiye Han*
Tel (0212) 527 49 82
Em frente à Tradition, essa loja vende objetos ousados e modernos, além de esplêndidos patchworks em couro. Vale a pena ver, mesmo que seja só por curiosidade.

MISIR ÇARŞISI

RÜSTEM PAŞA CAMİİ

SÜLEYMANİYE CAMİİ

Mapa A

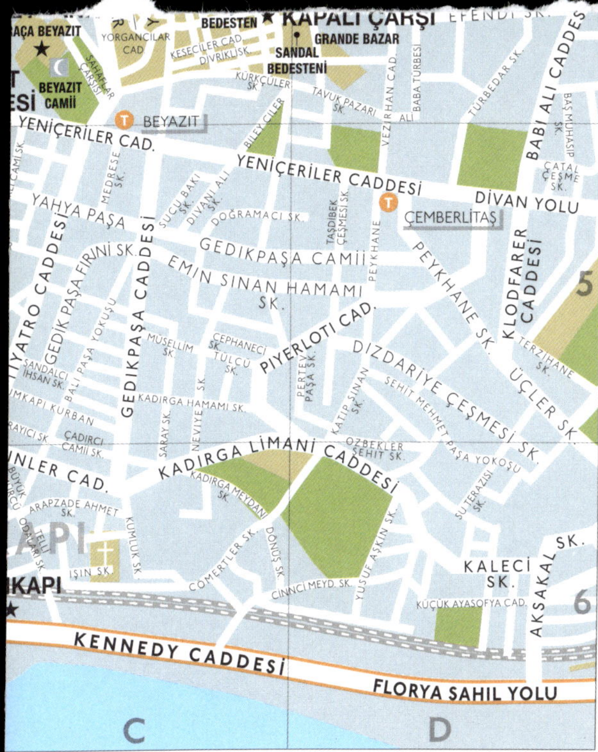

KÜÇÜK PAZAR

BOZDOĞAN KEMERİ

rar alguém que sentirá prazer em levá-lo para visitar o teto do pátio principal, que oferece uma vista impressionante da cidade.

★ **Mısır Çarşısı** (**B** D3)
→ *Yeni Camii Meydanı*
Diariam 8h30/9h-19h/19h30
O bazar egípcio ou bazar das especiarias palpita ao ritmo dos negócios desde 1663, quando genoveses e venezianos eram os grandes senhores do comércio. Uma opção picante, intrigante, colorida, ensurdecedora, popular e literalmente envolvente, repleta de aromas, frutos secos e doçuras de todos os tipos, além de roupas e joias.

★ **Rüstem Paşa Camii** (**B** C2)
→ *Hasırcılar Cad. nº 90 (1º andar/entrada entre as bancas) Diariam amanhecer-anoitecer*
Essa mesquita-joia (1561) marca o apogeu da ornamentação mural otomana: maravilhosos azulejos de Iznik com motivos florais e geométricos. A obra é do grande arquiteto otomano Sinan (1489-1588). Vista do Chifre de Ouro, da ponte Gálata e do começo do Bósforo.

★ **Süleymaniye Camii** (**B** B3)
→ *Prof. Sıddık Sami Onar Cad. Tel (0212) 514 01 39 Diariam amanhecer-anoitecer*
Inteiramente restaurada, essa Mesquita de Suleiman, o Magnífico (1550-57), cobre com seu esplendor a terceira colina da velha Istambul. Assinada pelo genial Sinan, o maior santuário da cidade dispõe de uma sala de orações de acústica excelente, iluminada por 168 janelas, de um *külliye* enorme, mausoléus comoventes, e propicia uma vista fantástica da cidade.

★ **Küçük Pazar** (**B** B2)
→ *Küçük Pazar Cad.*
Um bairro colorido e popular ao longo do Chifre de Ouro, para escapar dos caminhos repetidos. Cafés sob pérgulas, cadeiras espalhadas pela calçada, barracas, vendedores ambulantes... a vida passa tranquilamente nessas ruelas cercadas de charmosas casas de madeira.

★ **Bozdoğan Kemeri** (**B** A3)
→ *Atatürk Bulvarı*
O aqueduto de Valente foi construído no ano de 378 para levar água da floresta de Belgrado às cisternas de Constantinopla. Seus 971m restantes (dos 1.000m originais) cruzam as seis pistas do Atatürk Bulvarı.

AYA STEFANOS BULGAR KİLİSESİ

KARİYE MÜZESİ

THEODOS II SURLARI

★ Molla Zeyrek Camii (**C** E4)
→ *İbadethane Sk. Diariam amanhecer-anoitecer*
No centro do bairro popular de Zeyrek, a mesquita de mesmo nome, que é um vestígio da antiga Igreja do Cristo Pantocrata, o Todo-Poderoso. As cúpulas e as paredes cor de tijolo abrigavam, no séc. XII, um verdadeiro conjunto religioso típico do período médio da arquitetura bizantina, composto de um mosteiro (que não existe mais), uma capela e duas igrejas. A Igreja do Cristo Pantocrata seria transformada em 1453. Note os restos do belo piso de mármore.

★ Fatih Camii (**C** D4)
→ *Fevzi Paşa Cad. Diariam amanhecer-anoitecer*
Mesquita erguida em 1470 em memória de Mehmet II, o Conquistador *(Fatih)* de Constantinopla (1453), e reerguida após o terremoto de 1766. Ela vigia o tradicional bairro de Fatih. Dotada de uma das maiores *külliye* da cidade, contém oito madraçais, um *hammam*, um *han* e um hospital. Uma verdadeira cidade religiosa.

★ Sultan Selim Camii (**C** D3)
→ *Yavuz Selim Cad. Diariam amanhecer-anoitecer*
Uma mesquita sóbria, que tem à frente um belo chafariz e um jardim de mausoléus, com vista para o Chifre de Ouro, a fim de esquecer os massacres cometidos por Selim I, "o Terrível", a quem seu filho Suleiman dedicou esse templo (1522). As mulheres a frequentam vestidas inteiramente de preto.

★ Fethiye Camii (**C** C3)
→ *Fethiye Cad.*
Tel (0212) 635 12 73
Diariam amanhecer-anoitecer
Verdadeira pequena maravilha da arte bizantina, a Igreja de Pammakaristos (séc. XIII) tornou-se a sede do Patriarcado Greco-Ortodoxo de 1456 a 1586. Depois transformada em mesquita, abriga mosaicos de grande requinte.

★ Ortodoks Patrikhanesi (**C** D3)
→ *Sadrazam Ali Paşa Cad. nº 35 Tel (0212) 531 96 70 Diariam 8h30-16h, 13h-17h (missas dom 9h15-12h20)*
O Patriarcado Greco-Ortodoxo, confinado em uma minicidade desde 1601, serve para lembrar que a comunidade grega um dia povoou o bairro de Fener. A Igreja de São Jorge (1720) exibe suas relíquias com pompa: um santuário coberto de folhas de ouro, um trono patriarcal incrustado de marfim, ícones esplêndidos.

★ Aya Stefanos Bulgar Kilisesi (**C** C2)
→ *Mürsel Paşa Cad. nº 85*

MOLLA ZEYREK CAMİİ

FATİH CAMİİ

C

Fatih / Fener / Balat / Eyüp / Hasköy

Estreito braço de mar de 7km de comprimento, o Chifre de Ouro (Haliç) penetra o coração do lado europeu, deslizando pelos bairros populares de Fener e Balat, antigos enclaves das comunidades grega e judia, integradas pelas famílias locais. Uma trama de becos íngremes cujas casas parecem se curvar sob um arco-íris de roupas penduradas em varais. Dos dois lados das muralhas bizantinas, os bairros religiosos de Fatih e Eyüp cuidam zelosamente de suas mesquitas e mausoléus. Para chegar ao museu Rahmi Koç em Hasköy, basta pegar uma das barcas entre Balat e Ayvansaray.

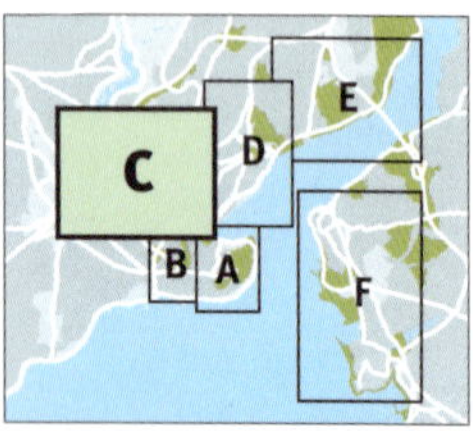

ÂSİTÂNE

CAFÉ PIERRE LOTI

RESTAURANTES

Mavi Köşe (**C** C2)
→ Mürsel Paşa Cad. nº 139
Tel (0212) 531 66 52
Diariam 6h-17h
Espaço minúsculo onde os frequentadores se espremem diante da sopa de lentilhas e de saborosas köfte (almôndegas). Pratos simples e fartos, ambiente amigável e sobremesas por conta da casa. Não serve álcool. Refeição a partir de TL15.

Kebapçıoglu (**C** D4)
→ Kırbacı Sk.
Tel (0212) 534 65 09
Diariam 8h-20h
Espremida entre as barracas do mercado de açougueiros, uma mesa simples para provar fartos sanduíches, kebabs, lahmacun e çiğ köfte de carne de cordeiro muito saborosos. Refeição a partir de TL20.

Kömur Türc Mutfağı (**C** C4)
→ Fevzi Paşa Cad. nº 18
Tel (0212) 521 99 99
Diariam 8h-21h
As especialidades são couve de Lazes (região às margens do mar Negro, a nordeste), hamsi (anchovas) grelhadas, frituras, tortinhas recheadas e sopas: tudo isso faz desse estabelecimento a cantina preferida do bairro. Refeição a partir de TL27.

Sadrazam Mahmut (**C** C1)
→ Kumbarahane Cad. nº 64
Tel (0212) 369 56 84
Diariam 12h-24h
Nas margens de Hasköy, um restaurante pequeno afastado do burburinho, com música cigana e conversas animadas à noite. Para acompanhar grelhados e miúdos, prove o surpreendente şalgam suyu (suco de nabo e cenoura violeta temperado). Refeição a partir de TL30.

Cibalikapı Balıkçısı (**C** E3)
→ Kadir Has Cad. nº 5, ao lado da universidade Kadir Has Tel (0212) 533 28 46 Diariam 12h-24h
Bonita decoração de madeira nesse restaurante que se destaca no Chifre de Ouro. Entre as delícias da casa, girit ezme, salada de Creta com pistache moído e, para adoçar, tahin-pekmez (creme de gergelim, canela, frutas secas e maçã ralada). Refeição a partir de TL52.

Fener Köşkü (**C** D3)
→ Abdülezel Paşa Cad. nº 311 Tel (0212) 621 90 25
Diariam 10h-4h
Em um antigo pavilhão dos príncipes de Fener, no Chifre de Ouro, uma sala

ÇARŞAMBA PAZARI

BALAT SALI PAZARI

FETTÂH SERAMIK

amarela para saborear peixes grelhados do mar Negro, ao som de alaúde e de kanun (à noite). Aconselhável reservar. Refeição a partir de TL55.

Âsitâne (**C** B3)
→ *Kariye Camii Sk. nº 6*
Tel (0212) 635 79 97
Diariam 11h-23h
Cozinha refinada, de tradição otomana. No menu, os pratos servidos em 1539 na festa de circuncisão dos filhos do sultão Suleiman. Ótima combinação de doces e salgados e brunch otomano aos domingos. Refeição a partir de TL65.

Zeirekhane (**C** E4)
→ *Ibadethane Arkası Sk. nº 10 Tel (0212) 532 27 78*
Ter-dom 9h30-22h
Ligado ao complexo de Zeyrek Camii, o elegante terraço do restaurante oferece vistas esplêndidas da cidade. Ideal para saborear o zeyrek kebabı ou um café. Refeição a partir de TL70.

CAFÉS, JARDINS DE CHÁ, DOCERIA

Kozz Haliç (**C** D3)
→ *Abdülezel Paşa Cad. nº 97*
Tel (0212) 521 79 01
Diariam 8h-24h
O café-restaurante do hotel Troyat Balat é ponto de encontro de um grupo de artistas e intelectuais gregos. Sob uma pequena varanda sem artifícios encontram-se pessoas que certamente farão os curiosos compreender melhor a essência desse bairro popular.

Pembe Köşk (**C** B3)
→ *Kariye Camii Sk. nº 21*
Tel (0212) 635 85 86
Diariam 8h-24h
Um agradável terraço e uma linda casa de madeira rosa. Aqui, com um copo de chá fumegante, pode-se apreciar a delicadeza dos mosaicos bizantinos da Igreja de São Salvador em Chora.

Ensar (**C** B1)
→ *Kalenderhane Cad. nº 100*
Tel (0212) 612 77 38
Diariam 6h-22h
Na sexta-feira é difícil encontrar um lugar perto do chafariz: o terraço é invadido pelas famílias de peregrinos que vêm degustar um sorvete ou um doce à base de mel. O restaurante de mesmo nome fica um pouco mais adiante.

Café Pierre Loti (**C** B1)
→ *No alto do cemitério de Eyüp Tel (0212) 497 13 13*
Diariam 8h-24h
Na parte elevada do cemitério de Eyüp, uma fileira de cadeiras se alinha sob um teto de folhagem diante da vista do Chifre de Ouro lá embaixo. Com os olhos numa Istambul que se tornou longínqua, esquecendo os grupos de turistas, nos deixamos invadir pela magia do lugar, como fez um dia o escritor Pierre Loti. Veja a linda cozinha!

COMPRAS

İtfaiye Caddesi (**C** D4)
→ *İtfaiye Cad. Diariam 10h-19h*
Mercado permanente de carnes, mas também de especiarias e queijos, onde vemos a face de uma Istambul oriental e profunda.

Bal Dunyası (**C** D4)
→ *İtfaiye Cad. nºs 10 e 21*
Tel (0212) 521 00 17
Diariam 8h-21h
Venda de mel e de especialidades da colmeia, de procedência estrangeira ou local. Às vezes há abelhas alvoroçadas embaixo dos potes e dos alveólos transbordando de mel.

Çarşamba Pazarı (**C** D4)
→ *Aos pés de Fatih Camii*
Qua 9h-19h
Um dos mercados mais animados da cidade. Enquanto os vendedores de frutas e legumes apregoam suas ofertas, uma multidão de mulheres com véus coloridos se amontoa entre as barracas de tecidos e roupas de bons preços.

Balat Salı Pazarı (**C** C2)
→ *Kirkambar Cad.*
Tel (0212) 293 11 54
Dom 9h-19h
Nesse minúsculo mercado de bairro, todos os produtos vêm do campo: manteiga, queijo fresco, pão, frutas e legumes da estação. Pequena terma popular em Balat.

Fettâh Seramik (**C** B3)
→ *Kariye Camii Sk. nº 19*
Tel (0212) 635 26 29
Qui-ter 9h-19h
Pratos, xícaras, copos ou simples azulejos decorativos: uma esplêndida gama de cerâmicas com motivos florais inspirados nas faianças de Kütaya e de Iznik. Tem ainda tecidos e joias de prata com incrustações de cerâmica.

Merinos (**C** A2)
→ *Otakçılar Cad. nºs 37-38*
Tel (0212) 612 40 58
Seg-sáb 9h-19h
A bela roupa de cama e mesa da Turquia. Lençóis, colchas, fronhas... modernas ou orientais, quase sempre de algodão. A loja tem pouco artesanato – há bem mais produtos industrializados, de qualidade muito boa.

ULTAN SELİM CAMİİ

FETHİYE CAMİİ

ORTHODOKS PATRİKHANESİ

◀ Mapa A/B

EYÜP

RAHMİ KOÇ MÜZESİ

l (0212) 521 11 21 Qui-ter ı-17h (missa dom 10h)
a margem do Chifre de Ou-, uma igreja insólita revesti-ı de ferro testemunha o de-fio da comunidade búlgara n 1898: fazer uma igreja n uma semana, condição ıposta pelo sultão para que ıtorizasse o Patriarcado 'eco-Ortodoxo. Peças é-fabricadas foram com-adas em Viena, transporta-ıs pelo Danúbio e monta-ıs em sete dias – uma çanha. Mais acima, o anti-ı bairro judeu de Balat lem-a as aldeias da Anatólia.

Kariye Müzesi (**C** B3)
Kariye Camii Sk. nº 26
l (0212) 631 92 41 Qui-ter 9h-17h (19h meados abr-set)
Transformada em mesquita, depois em museu, a antiga Igreja de São Salvador em Chora abriga desde o fim do séc. XIII os afrescos e mosaicos mais preciosos do mundo bizantino. Cenas da vida de Cristo e da Virgem marcadas por um realismo comovente: obras-primas que ninguém deve deixar de ver.

★ **Theodos II Surları**
(**C** B3)
As muralhas de Teodósio II (408-450) se estendem por mais de 7km, do Chifre de Ouro ao mar de Mármara. Cerca de 90 torres e igual número de palácios construídos ao longo do período bizantino pontilham essas fortificações, antigas lembranças da "Nova Roma". Elas estão hoje ameaçadas, pois foram mal restauradas desde sua inscrição na lista do Patrimônio Mundial da Humanidade em 1985. Veja sobre o Tekfur Sarayı (**C** B2) a bela alternância entre tijolos e mármore (séc. XII).

★ **Eyüp** (**C** B1)
Dominante no Chifre de Ouro, esse bairro religioso vive ao ritmo dos peregrinos que vêm homenagear as relíquias de Eyüp (Ayyub), porta-estandarte de Maomé. Mesquita e mausoléus se situam ao pé de um cemitério invadido pelo mato, com lápides cobertas por um fez (boina turca) ou turbante para os homens e coroas de flores para as mulheres. Um passeio encantador e uma vista mágica para Istambul do alto da colina.

★ **Rahmi Koç Müzesi**
(**C** D1)
→ Hasköy Cad. nº 5
Tel (0212) 369 66 00
Abr-out: ter-dom 10h-17h (20h sáb-dom); nov-mar: ter-dom 10h-17h (18h sáb-dom)
O Museu da Indústria, em uma antiga fundição de âncoras da Marinha do séc. XIX. Excelente percurso interativo entre as máquinas mais insólitas e um submarino aberto à visitação.

İSTİKLÂL CADDESİ

PERA PALAS HOTEL JUMEIRAH

◀ Mapa A/B

★ **Galata Kulesi** (**D** A6)
→ *Büyük Hendek Cad. nº 15 Tel (0212) 245 41 41* ***Restaurante*** *Diariam 9h-24h (depois de 20h com espetáculo, é preciso reservar)*
A Torre de Gálata revela, do alto de seus 68m, um panorama em 360º que permite abranger de uma só vez toda a complexidade geográfica da cidade. Transformada em prisão no séc. XV e depois em posto de vigilância contra incêndios, no séc. XVII a torre serviu de trampolim para um excêntrico munido de asas que conseguiu chegar à margem asiática. A proeza foi recompensada pelo sultão com o exílio.

★ **Galata Mevlevi Tekkesi** (**D** A5)
→ *Galip Dede Cad. nº 15 Tel (0212) 245 41 41 Diariam 9h-16h30 (19h meados mai-set)*
Recém-restaurado, o mosteiro *(tekke)* dos dervixes rodopiantes Mevlevi, fundado em 1492, se esconde atrás de um cemitério sombreado, cheio de lápides cobertas de turbantes. Nesse belo edifício octogonal situa-se um pequeno museu dedicado à poesia otomana e à confraria. Aos domingos os fiéis se reúnem aí e, embalados pelos cantos sufis, giram até o êxtase, encarnando a ronda dos planetas. Cerimônia *(sema)* aberta ao público; necessário reservar.

★ **Tünel** (**D** A5)
Um lugar encantador, terminal do Tünel, um funicular subterrâneo (uma versão moderna que substituiu o antigo, de 1871), e do "bonde nostálgico". A minúscula galeria do Tünel Pasajı, que agrega café e antiquários, se insinua entre edifícios do séc. XIX.

★ **İstiklâl Caddesi** (**D** A4)
A antiga Rua Principal de Péra, o coração vivo da presença levantina na Istambul do séc. XIX, abriga as embaixadas desde o séc. XVI e mansões aristocráticas. Símbolo de elegância e sucesso, a grande avenida-calçadão oferece uma síntese da Istambul moderna, pontilhada de lojas da última moda, cinemas e bares concorridos. De Tünel a Taksim, um percurso ritmado pelo vaivém dos bondes. Não deixe de ver as dezenas de passagens cobertas e os palacetes onde funcionam os consulados nas ruazinhas próximas. E não perca as noites loucas de İstiklâl. A nordeste, a praça Taksim está gradualmente sendo convertida em uma imensa área apenas para pedestres.

★ **Pera Palas Hotel Jumeirah** (**D** A5)
→ *Meşrutiyet Cad. nº 52 (98)*

TÜNEL

GALATA MEVLEVİ TEKKESİ

GALATA KULESİ

Sobrepondo-se à valsa dos barcos, a ponte de Gálata desemboca, ao norte, nos animados e coloridos cais de Karaköy. Desse ponto, ruas estreitas e íngremes partem na direção da Torre de Gálata, construída por genoveses. Do topo, um último olhar para a península histórica antes de seguir para o coração da Istambul moderna e ocidental. İstiklâl, uma longa artéria de comércio para pedestres, coalhada de gente, estende-se entre as elegantes fachadas do séc. XIX de Beyoğlu, a antiga Pera dos Levantinos. Ao redor, ruelas e becos fervilham com bares e clubes, templos das noites animadas de Istambul.

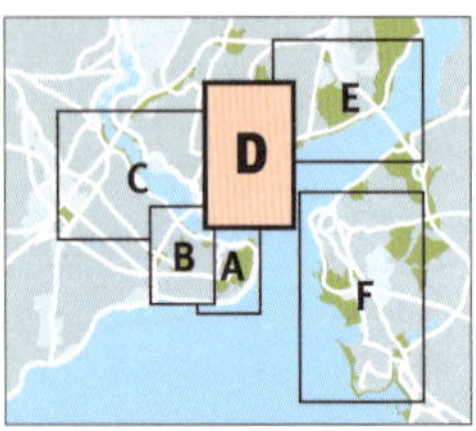

KONAK

GÜLLÜOĞLU

RESTAURANTES

Konak (**D** B4)
→ *Istiklâl Cad. nº 259*
Tel (0212) 252 06 84
Diariam 11h-24h
No meio da Istiklâl, um restaurante-doceria com ares de grande cervejaria parisiense. Ampla opção de kebab e de lahmacun (pizzas finas de carne). Simples, farto e barato. Anexo mais sóbrio no nº 519 da mesma rua. Não serve álcool. Refeição a partir de TL20.

Lokanta Helvetia (**D** A5)
→ *General Yazgan Sk. nº 12*
Tel (0212) 245 87 80
Diariam 11h-24h
Uma clientela jovem e descontraída escolheu como ponto de encontro esse pequeno café-restaurante, um dos melhores do bairro de Tünel. Decoração vintage, petiscos frescos e variados, pratos preparados à frente do cliente e funcionários sorridentes. Refeição a partir de TL20.

Nevizade Sk. (**D** A4)
Impossível perder as noitadas à la turca da mais animada ruela de Beyoğlu. Músicos percorrem os terraços lotados, enquanto o rakı corre solto. Dois bons restaurantes típicos, o clássico **İmroz** (sem música) e principalmente o **Neyle Meyle**, são ótimos para se regalar de meze. Refeição a partir de TL40.

Galata Evi (**D** A6)
→ *Galata Kulesi Sk. nº 15 (61) Tel (0212) 245 18 61 Ter-dom 12h-24h*
Apaixonados pela história, o arquiteto Mete Göktuğ e sua mulher fizeram dessa antiga prisão inglesa (1904-19) um restaurante. Cozinha da Geórgia (gulache, estrogonofe, steak tartare) servida em um ambiente intimista e nostálgico, sob acordes de piano (música ao vivo a partir das 20h). Refeição a partir de TL50.

5 Kat (**D** B5)
→ *Soğancı Sk. nº 7*
Tel (0212) 293 37 74
Diariam 10h-2h (3h sex-sáb)
Empoleirado no quinto andar de um prédio do bairro da moda, Cihangir, uma casa "tendência", ponto de encontro da juventude: tecidos púrpura, paredes vinho, lustres e terraço panorâmico, um dos mais bonitos de Istambul. Não deixe de ir, mesmo que só para um drinque (vinhos do mundo todo). Cozinha europeia de qualidade. Refeição a partir de TL65.

E

Dolmabahçe / Beşiktaş / Ortaköy / Kuruçeşme

Encontro sobre o Bósforo da Istambul elegante e opulenta com um ilustre palácio imperial do séc. XIX, Dolmabahçe revela tesouros que chegam a dar vertigem. Para se recuperar, perca-se nas ruas populares de Beşiktaş e no tumulto de seus embarcadouros. Mais acima, os palácios e quiosques rococó do Yıldız Parkı, pulmão verde da cidade, trazem a lembrança das últimas horas do império. Dos dois lados da grandiosa ponte do Bósforo, as antigas aldeias de pescadores de Ortaköy, Kuruçeşme e Arnavutköy veem surgir os novos cafés da moda, ao abrigo das antigas *yali* do fim do século XIX.

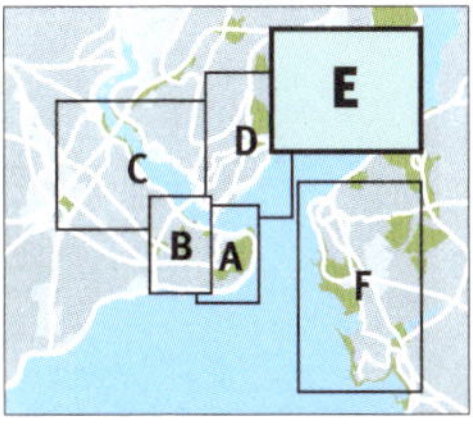

MAVI BALIK

KIR KAHVESİ

RESTAURANTES

Patates dolması (**E** E3)
→ *Mecidiye Köprüsü Sk. Diariam 10h-24h*
As kumpir (batatas recheadas) ou a especialidade das barracas de madeira de Ortaköy: batatas acompanhadas de uma variedade de ingredientes (frios, carnes, molhos...) para comer com colher de sobremesa. Também se encontram krep fabricados por senhoras diante dos clientes e kokoreç (tripas de carneiro). Batatas a partir de TL15.

Şeker (**E** B4)
→ *Ortabahçe Cad. nº 43 Tel (0212) 261 24 34 Diariam 12h-23h*
Invisível da rua, esse reduto simpático e arborizado só é conhecido pelos moradores do bairro. Ao redor de um chafariz, petiscam-se grelhados e pide (pizzas). À noite os frequentadores assistem aos jogos de futebol, verdadeira paixão nacional. Refeição a partir de TL20.

Malta Köşkü (**E** C3)
→ *Yıldız Parkı Tel (0212) 258 94 53 Diariam 9h-21h (sáb-dom brunch 10h-13h)*
Debruçado nas alturas verdejantes do Yıldız Parkı, o elegante Quiosque de Malta (séc. XIX) tornou-se um dos preferidos para o brunch na cidade. Todo fim de semana o bufê oferece pratos incontáveis e o tempo escorre sob a pérgula ou nos salões principescos. Bufê TL40.

Pafuli (**E** E1)
→ *Kuruçeşme Sk. nº 116 Tel (0212) 263 66 38 Diariam 11h-24h*
Esse restaurante *laze* – etnia do mar Negro que fala um dialeto georgiano – especializado em peixes desse mar (badejo, atum...) é mestre na arte de preparar hamsi (anchovas). Refeição TL70.

Feriye Lokantası (**E** D3)
→ *Çırağan Cad. nº 40 Tel (0212) 227 22 16 Diariam 12h-15h, 19h-24h*
Jantar feérico nessa dependência do palácio imperial de Çırağan, ao longo do Bósforo. Cozinha otomana de alta classe: folhas de parreira ao pastırma, peixe grelhado ao açafrão... Terraço externo no verão. Reservar. Refeição a partir de TL90.

Mavi Balık (**E** E2)
→ *Muallim Naci Cad. nº 64A Tel (0212) 265 54 80 Diariam 12h-24h*
Banquete de peixes e terraço maravilhoso dando

IHLAMUR KASRI

DOLMABAHÇE SARAYI

DENİZ MÜZESİ

◄ Mapa D

YILDIZ ŞALE

ORTAKÖY

BOĞAZİÇİ KÖPRÜSÜ / PONTE DO

★ **Ihlamur Kasrı** (**E** A3)
→ *Ihlamurdere Cad. nº 8*
Tel (0212) 259 50 86
Diariam 9h30-16h30
Fachada barroca e interior rococó no minúsculo Pavilhão da Tília (séc. XIX), antiga residência de lazer dos sultões. Do grande terreno de caça que se estendia ao redor, hoje só resta um esplêndido jardim romântico e florido, onde o murmúrio das fontes convida a um descanso prolongado. Elegante salão de chá no pavilhão vizinho.

★ **Dolmabahçe Sarayı** (**E** A4)
→ *Dolmabahçe Cad.*
Tel (0212) 236 90 00 Ter-qua, sex-dom 9h-16h Visita guiada em inglês obrigatória
Construído diante do Bósforo em 1856 por ordem de Abdül Mecit, Dolmabahçe tornou-se a nova residência imperial, desbancando o Palácio de Topkapı. Nada menos que 285 peças, 46 salões, 6 *hammams*... Um palácio suntuoso, exagerado, onde as influências barrocas se misturam à arquitetura oriental clássica. Impressionante lustre de 4,5 toneladas, com 750 lâmpadas, no imenso salão de recepção, escada monumental em cristal de Baccarat... Uma exibição de riqueza que contribuiu para a falência do império. Visita ao harém, em cima.

★ **Deniz Müzesi** (**E** B4)
→ *Beşiktaş Cad. nº 6/1*
Tel (0212) 327 43 45
Qua-dom 9h-12h, 13h-17h
Museu naval (1897) em duas partes: uma esplêndida galeria de caíques (barcos imperiais usados para ir às casas de verão ao longo do Bósforo) e outra dedicada à história da frota turca. Veja a mítica carta de Piri Reis (1513), que retrata fielmente as regiões conhecidas na época.

★ **Çirağan Sarayı** (**E** C4)
→ *Çirağan Cad. nº 32*
Tel (0212) 258 33 77
Incendiado em 1910, o Palácio de Çirağan (1874), residência principal do sultão Abdül Aziz, ficou muito tempo em ruínas antes de ser transformado em hotel prestigioso. A fachada reluzente de mármore branco entalhado com motivos mouriscos tem 300m ao longo do Bósforo. Jardim maravilhoso para tomar um café e se recuperar.

★ **Yıldız Parkı** (**E** C3)
→ *Çirağan Cad.*
Imenso oásis de frescor arborizado e florido, o antigo parque imperial de Yıldız, com seus lagos e chafarizes, estende-se sobre uma

İSTANBUL MODERN / SANAT MÜZESI

TEŞVİKİYE CAMİİ

otel lendário construído ela companhia Wagons-its em 1892 para os pas-ageiros do Orient Express, m um saguão maravilho-o marcado pelo mistério e ela nostalgia que evocam s nomes de seus hóspe-es: Greta Garbo, Mata Hari, tatürk... Agatha Christie es-eveu a maior parte de seu mance *Assassinato no Ex-resso do Oriente* no quarto 11. Alguns quartos podem r visitados. Em sua con-itaria há deliciosos doces aseiros e cafés italianos.

Çiçek Pazajı (**D** A4)
oi-se o tempo em que os nigrantes russos vendiam ores aí. Mas o ambiente deliciosamente retrô da Passagem das Flores (1871) não diminuiu, apesar dos grupos de turistas que invadem seus terraços. Várias *meyhane* (tabernas) se comprimem sob as arcadas que dão para a agitação do mercado de peixes, Balık Pazarı.

★ **Çukurcuma** (**D** B5)
Todo o encanto de um pequeno bairro de antiquários para explorar sem pressa nas vielas coloridas próximas à Çukurcuma Camii, a pequena mesquita do bairro. Para pechinchar com toda a tranquilidade.

★ **Masumiyet Müzesi** (**D** B5)
→ *Çukurcuma Cad., Dalgıç Çıkmazı nº 2 Tel (0212) 252 97 38 Ter-dom 10h-18h (21h qui)*
O Museu da Inocência de Orhan Pamuk, que o escritor de Istambul, prêmio Nobel de Literatura, instalou em 2012 nessa grande casa vermelha: um escritório de curiosidades que expõe a história de uma família imaginária, extraída do romance *O Museu da Inocência* (2011).

★ **Istanbul Modern / Sanat Müzesi** (**D** B6)
→ *Meclis-i Mebusan Cad. Antrepo nº 4 Tel (0212) 334 73 00 Ter-dom 10h-18h (20h qui)*
Inaugurado em 2004, o primeiro museu de arte moderna do país tem investido em antigos armazéns nas margens do Bósforo. Instalações de vanguarda, criações de artistas turcos e exposições temporárias de âmbito internacional se realizam em uma espécie de Tate Modern à turca.

★ **Teşvikiye Camii** (**D** D2)
→ *Ahmet Fetgari Sk. nºs 144-150*
Uma bonita mesquita rococó no meio de butiques de moda e galerias de arte no bairro chique de Nişantası. Erigida pelo sultão em 1794, depois demolida e reconstruída no fim do séc. XIX no estilo eclético dos palácios da família imperial, contém belas caligrafias otomanas. No interior, decoração de tendência barroca.

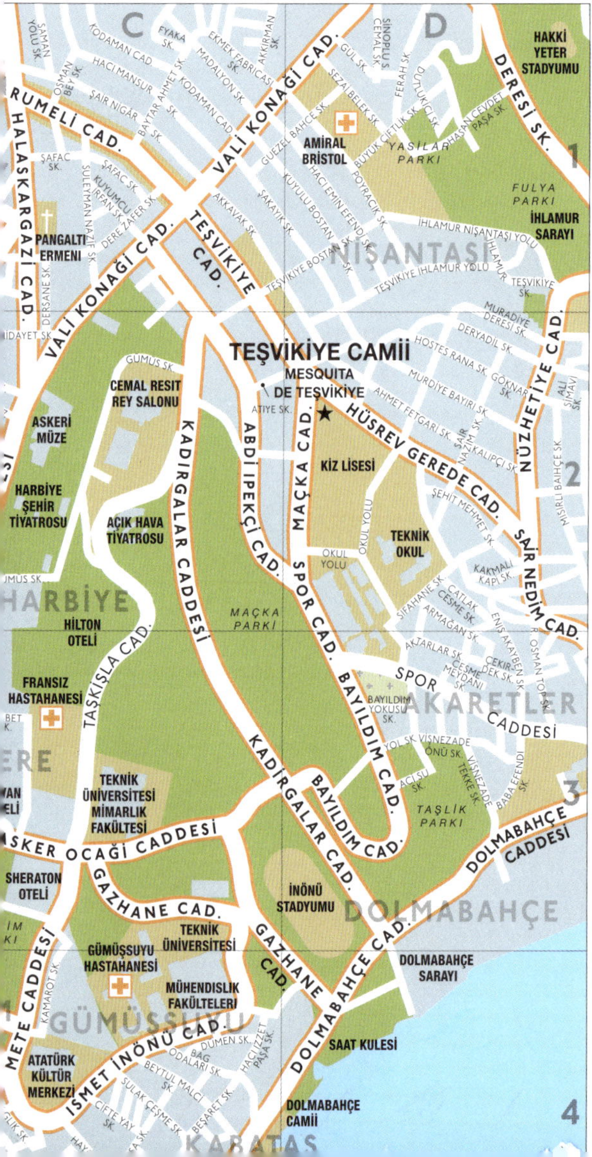

▶ Mapa E

ÇİÇEK PAZAJI

ÇUKURCUMA

İSTANBUL MODERN / SANAT MÜZESİ

▼ Mapa E

MERİKAN PAZARI

GALİP DEDE CADDESİ

İPEK

CAFÉS, DOCERIA, JARDINS DE CHÁ

Mihrimah Sultan (**D** A5)
→ *Kumbaracı Yokuşu nº 77 Tel (0212) 293 66 27 Diariam 10h-2h (4h sex-sáb)*
Um jardim e um salão com velhas poltronas art déco, que da rua ninguém adivinha. Aí se encontra todo o charme dos antigos prédios de Pera. Café dibek, narguilé e alguns pratos do dia.

Güllüoğlu (**D** A6)
→ *Galata Mumhanesi Cad., Rihtim Cad. nºs 3-4, no estacionamento Tel (0212) 293 09 10 Diariam 7h-22h*
Uma doceria que é um verdadeiro paraíso para os gulosos. Venda e degustação de suculentos baklava escorrendo mel, de pistache, nozes ou creme.

Amerikan Pazarı (**D** B6)
→ *Tophane İsk. Cad. Diariam 24h*
Uma série de terraços sob pérgulas, o antigo mercado americano concentra cerca de 20 cafés dedicados aos prazeres do narguilé. Os copos de chá e as partidas de *tavla* (gamão) se sucedem, e as horas passam despreocupadas. Lugar agradável para depois dos jogos de futebol.

BARES, CASAS NOTURNAS

Badehane (**D** A5)
→ *General Yazgan Sk. nº 5 Tel (0212) 249 05 50 Diariam 9h-3h*
Um bar muito agradável, que nas noites de quarta-feira se inflama com a apresentação de músicos ciganos. A febre faz os frequentadores subirem nas mesas. DJs às terças e de quinta a domingo.

Şahika (**D** A4)
→ *Nevizade Sk. nº 17 Tel (0212) 249 61 96 Diariam 0h30-3h30*
Várias fórmulas: no térreo, um pequeno bar simpático, em plena agitação da Nevizade Sk.; nos andares, um clube e um canto lounge mais íntimo. Dominando tudo, um terraço panorâmico.

Babylon (**D** A5)
→ *Şehbender Sk. nº 3 Tel (0212) 292 73 68 Diariam 21h-3h*
Shows de música latina, world, jazz, rock e noites com DJ – uma programação ideal que faz desse clube um dos mais na moda atualmente.

Nardis Jazz Club (**D** A6)
→ *Kuledibi Sk. nº 14 Tel (0212) 244 63 27 Seg-qui 21h30-0h30, sex-sáb 23h30-1h30*
Velhos tijolos, nuvens de fumaça e contrabaixo na penumbra... Ao pé da Torre Gálata, um enclave do jazz com uma programação de qualidade, que faz honra aos músicos turcos. Serve jantar.

COMPRAS

Galip Dede Caddesi (**D** A5-A6)
→ *Seg-sáb 9h-19h (e alguns dom)*
A rua dos músicos e dos amantes de música.

Lale Plak
→ *nº 1 Tel (0212) 293 77 39*
Bela seleção de músicas do mundo.

Tekkinler Müzik Evi
→ *nº 48 Tel (0212) 249 64 77*
Vários instrumentos tradicionais (darbouka etc.) nesse fabricante de *bağlama* (tipo de alaúde).

Paşabahçe (**D** B4)
→ *İstiklâl Cad. nº 314 Tel (0212) 244 05 44 Seg-sáb 10h-20h, dom 11h-19h*
Nessa loja de vidros, a louça moderna flerta com verdadeiras obras de arte como a coleção *Çeşm-i Bülbül*, de delicadas volutas azuis e brancas.

Balık Pazarı (**D** A4)
→ *Diariam 9h-22h (às vezes 24h)*
Situado perto da passagem da flores (Çiçek Pasajı), o animado mercado de peixe de Galatasaray também abriga diversas mercearias e restaurantes populares. Não perca a Avrupa Pasajı (passagem da Europa), onde há muitos suvenires e antiguidades.

İpek (**D** A5)
→ *İstiklâl Cad. nº 120 Tel (0212) 249 82 07 Seg-sáb 9h-20h*
Elegância em seda pura: lenços e gravatas estampadas, lisas, com caligrafias...

La Cave / Çağdaş (**D** B5)
→ *Sıraselviler Cad. nº 109 Tel (0212) 243 24 05 Diariam 10h-21h*
Todos os grandes vinhos da Turquia e de outros países em dois andares. Uma adega de sonho para escolher um kokarasi de Ancara, um shiraz do Egeu ou um sarafin da Trácia.

Gönül Paksoy (**D** C2)
→ *Atiye Sk. nºs 1-3 Tel (0212) 261 90 81 Seg-sáb 13h (10h ter-sáb)-19h*
A *moa* otomana revisitada pelas mãos de fada de uma estilista talentosa. Caftãs, joias... Verdadeiro prazer para os olhos.

ARBAROS HAYRETTİN PAŞA İSKELESİ

MİSPAK TEMİZLİK IŞLERİ

PELİT TURŞUCUSU

para o Bósforo nesse restaurante chique de Kuruçeşme. A anchova grelhada rouba a cena dos frutos do mar e outros peixes com molho ou em crosta de sal. Ideal para um jantar romântico olhando os navios deslizarem em silêncio. Refeição a partir de TL110.

CAFÉS, BAR, JARDINS DE CHÁ, CASAS NOTURNAS

Kır Kahvesi (**E** C3)
→ *Yıldız Parkı, perto do Yıldız Şale Diariam 9h-22h*
Um café refrescante e familiar, à sombra das grandes árvores do Yıldız Parkı. Petiscos e narguilé para saborear em almofadas na grande tenda, perto do chafariz.

Barbaros Hayrettin Paşa İskelesi (**E** B4)
→ *Diariam 24h*
No cais do embarcadouro de Barbaros (Barbarossa), os vendedores de chá circulam entre os estudantes ruidosos, os moradores da região e os passageiros que esperam o próximo barco. Todo esse pequeno mundo, sentado em banquinhos, observa o tráfego incessante do Bósforo. Mágico.

Mispak Temizlik Işleri (**E** B4)
→ *Köyiçi Mektep Sk. nº 13*
Tel (0212) 260 53 76
Diariam 9h-23h
Situado atrás do mercado de peixe de Beşiktaş. Se os mais velhos prezam a calma da pérgula para fumar narguilé, os jovens preferem o salão e os jogos de tabuleiro.

Zeynel Çay Bahçesi (**E** D3)
→ *Ortaköy Meydanı nº 14*
Tel (0212) 259 87 33
Diariam 8h-24h
Um dos cafés na praça principal, onde os frequentadores vão jogar *tavla* (gamão) ou dominó, bebendo chá acompanhado de Kasarli Tost (torradas com queijo).

Kazan (**E** B4)
→ *Beşiktaş Cad. nº 35*
Tel (0212) 261 58 45
Diariam 11h-24h (1h sex-sáb, 23h dom)
Homens e mulheres, estudantes e pescadores, operários e executivos, todos se encontram no fim do dia sentados ao redor de cervejas, numa ruidosa alegria.

The House Café (**E** D3)
→ *Salhane Sk. nº 1 Tel (0212) 227 26 99 Diariam 9h-1h*
Os turcos elegantes vêm bebericar um café ou beliscar uma salada nesse café contemporâneo muito acolhedor, instalado no cais de Ortaköy. Lotado no fim de semana. Petiscos, pizzas etc.

Reina (**E** E3)
→ *Muallim Naci Cad. nº 44, logo depois da Ponte do Bósforo Tel (0212) 259 59 19 Diariam 19h-4h (restaurante até 23h)*
"O" clube de Kuruçeşme e um dos mais concorridos da Europa. No verão, a juventude dourada e as *starlettes* se divertem na pista ao ar livre, à beira do Bósforo. Sete restaurantes (reserva imprescindível) e três bares abrem no verão. No inverno, noitadas no interior. Seleção na entrada e traje elegante obrigatório. Adega com 2 mil garrafas.

Supperclub (**E** E3)
→ *Muallim Naci Cad. nº 65, em frente ao Reina*
Tel (0212) 261 19 88
Sex-sáb 24h-5h
Ponto de encontro dos clubbers no fim de semana: pista iluminada a néon e programação 100% house.

COMPRAS

Beşiktaş Pazarı (**E** A3)
→ *Deryadil Sk. Sáb 9h-19h*
Grande liquidação de tecidos, roupas e acessórios, o mercado de Beşiktaş costuma atrair enxurradas de curiosos, ávidos para encontrar uma pérola rara.

Pelit Turşucusu (**E** A4)
→ *Şair Nedim Cad. nº 69C*
Tel (0212) 258 41 18
Seg-sáb 9h-21h, dom 12h-19h
Loja fantástica e colorida de potes de *turşu*, legumes conservados em vinagre famosos por suas propriedades vitamínicas. Alguns clientes dão o ar da graça só para tomar uma boa dose do caldo avinagrado e saem cheios de energia.

İznik Vakfı (**E** E1)
→ *Öksüz Çocuk Sk. nº 7*
Tel (0212) 287 32 43
Seg-sáb 9h-18h
A loja oficial da verdadeira cerâmica de Iznik. À venda: cerâmicas murais de azuis delicados, azulejos decorativos, joias. Preços à altura da qualidade.

Boğazici Koleksiyon (**E** D3)
→ *Hazine Sk. nº 2*
Tel (0212) 227 97 12
Diariam 10h-22h
Cartões-postais antigos, velhos mapas de Istambul, litografias de outro tempo nessa pequena loja de Ortaköy.

ÇİRAĞAN SARAYI

YILDIZ PARKI

o

KURUÇEŞME / ARNAVUTKÖY

BEYLERBEYİ SARAYI

lina que domina o Bósfo-
. Ponto de encontro do-
inical privilegiado dos
oradores de Istambul,
ue fazem piqueniques fa-
iliares ou tomam o brun-
nos terraços dos maravi-
osos quiosques rococó
alta Köşkü e Çadir Köşkü.
ão deixe de ver na época
floração das tulipas,
fim de abril.

Yıldız Şale (**E** C3)
Yıldız Parkı
(0212) 259 45 70
r-qua, sex-sáb 9h30-17h
ebruçado nas alturas do
arque de Yıldız, o pavi-
ão de recepção do palá-
o imperial de Abdül Ha-
t II (1876-1909). Por trás da sobriedade da fachada de madeira que lembra um chalé suíço, uma opulenta decoração variada. Encantador banheiro de esmalte florido.

★ **Ortaköy** (**E** D3)
Hoje um dos bairros mais conhecidos de Istambul, a antiga aldeia de pescadores de Ortaköy exibe uma renda de vielas coloridas, invadidas nos fins de semana pela feira artesanal. À noite, restaurantes e clubes de luxo despertam sob o olhar protetor da grande Ponte do Bósforo e da graciosa mesquita de Ortaköy, Mecidiye Camii, erguida à beira da água.

★ **Boğaziçi Köprüsü / Ponte do Bósforo** (**E** E3)
Símbolo de Istambul, essa majestosa ponte pênsil (1973), longa linha branca que delimita o Bósforo, liga a Europa à Ásia, fazendo da cidade a única do mundo que está em dois continentes. Com 1.074m de comprimento e 64m de altura, ela não é acessível a pedestres, exceto no dia da Maratona de Istambul.

★ **Kuruçeşme / Arnavutköy** (**E** F1)
Atrás da Ponte do Bósforo, as igrejas e as casas coloridas de Kuruçeşme se agarram às colinas, e os restaurantes chiques e os barcos de lazer se alinham à beira da água. Mais ao norte, os pescadores de Arnavutköy ("a aldeia dos albaneses") tratam o peixe em um cenário comovente de velhas *yali* de madeira, mais ou menos decadentes.

★ **Beylerbeyi Sarayı** (**E** F4)
→ *Abdullah Ağa Cad.*
Tel (0212) 321 93 20
Ter-qua, sex-dom 9h-15h
Um pequeno Dolmabahçe à sombra da Ponte do Bósforo, palácio de verão (1861-64) do sultão Abdul Aziz. No interior, dourados barrocos, lustres de cristal Baccarat, vasos da China... uma maravilha.

KIZ KULESİ / TORRE DE LEANDRO

ÇİNİLİ CAMİİ

★ **Mihrimah Camii** (**F** B1)
➔ *Üsküdar Meydanı Diariam amanhecer-anoitecer*
Dominando a agitada praça do embarcadouro e a fonte barroca de Ahmet III (1726), uma mesquita imperial erigida por Sinan em 1547 para a princesa Mihrimah, filha de Suleiman, o Magnífico. Atrás da fonte, abrigada por uma curiosa marquise, há um pequeno cemitério interessante e um antigo madraçal que virou hospital infantil.

★ **Yeni Valide Camii** (**F** B1)
➔ *Hakimiyeti Milliye Cad. Diariam amanhecer-anoitecer*
A segunda grande mesquita da praça de Üsküdar foi construída em 1710 por ordem de Ahmet III em honra da sultana-mãe *(valide)*. Pátio muito bonito e um vasto *külliye*, onde os mais velhos se encontram para discutir as novidades. E um mausoléu *(türbe)* com ares de pombal, onde surgem influências barrocas.

★ **Şemsi Paşa Camii** (**F** B1)
➔ *Harem Üsküdar Yolu Diariam amanhecer-anoitecer*
À margem do Bósforo, uma das menores mesquitas projetadas por Sinan (1580) convida a passear pelos cais com pescadores e vendedores de anzóis.

★ **Kız Kulesi** (**F** A1)
➔ *De barco, saída de Salacak ou Kabataş (9h-18h45) Tel (0216) 342 47 47*
***Passeio** Diariam 12h-19h*
Situada sobre uma ilhota a 200m da orla de Üsküdar, entre a Europa e a Ásia, a Torre de Leandro ou "Torre da Donzela", antigo farol e posto aduaneiro, indica aos navegantes a entrada do Bósforo. Do alto, vista sensacional da cidade. Embaixo, restaurante e terraço ideal para preguiçar ao sol e ver a chegada dos petroleiros gigantes, que parecem ao alcance da mão.

★ **Çinili Camii** (**F** C2)
➔ *Çinili Hamam Sk. Diariam amanhecer-anoitecer*
Um festival de tons azuis sobre fundo branco forra as paredes da Mesquita das Louças (1640): azulejos de Iznik dentro e fora. . pequena joia de Üsküdar.

★ **Atik Valide Camii** (**F** C2)
➔ *Kartal Baba Sk. Diariam amanhecer-anoitecer*
Última grande obra de Sinan (1583), instalada no cume de Üsküdar: uma mesquita dedicada à sulta na Nur Banu, mãe de Mura III. Cercado de um pórtico de colunas de mármore, o pátio dá para uma sala de oração com delicados afrescos em preto, verme-

MİHRİMAH CAMİİ

YENİ VALİDE CAMİİ

Ritual imutável e deslumbrante da passagem para a Ásia, a travessia do Bósforo termina na agitação dos embarcadouros de Üsküdar, uma periferia popular e tradicional pontilhada por várias mesquitas. Mais ao sul, a Torre de Leandro, sobre uma ilhota, faz pose tendo a Europa como pano de fundo. Mais ao sul, os navios se sucedem sem fim nos cais de Kadiköy: a antiga Calcedônia grega vibra há alguns anos ao ritmo de seus mercados coloridos e seus bares na moda. Ao longe, no mar de Mármara, despontam as ilhas dos Príncipes, verdes e distantes.

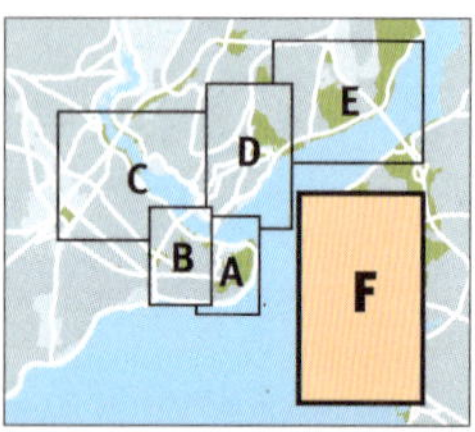

ÇIYA KEBAP VE SAFRASI

KANAAT LOKANTASI

RESTAURANTES

Çiya Kebap ve Sofrası (**F** C5)
→ *Güneşli Bahçe Sk. nos 43, 44 e 48B Tel (0216) 36 30 13 Diariam 11h-22h*
Para degustar a cozinha turca tradicional (grelhados, espetos, boulgour etc.) com vista para o mar. Refeição a partir de TL25.

Yücetepe Kır Gazinosu (**F** A6)
→ *Yücetepe Mevkii nº 5, ao lado da igreja Aya Yorgi, Büyükada Tel (0216) 382 13 33 Diariam 12h-24h*
No cume da colina do Mosteiro de São Jorge, um recanto sob ciprestes. Şiş, börek de queijo, pequenos pratos simples para degustar com os dedos e uma taça de vinho preparado pelos monges. A vista se estende até Istambul, além do mar de Mármara. Refeição a partir de TL30.

Kanaat Lokantası (**F** B1)
→ *Selman-ı Pak Cad. nº 9 Tel (0216) 553 37 91 Diariam 6h30-23h30*
Famoso até na margem europeia. Tem 40 entradas, 60 pratos quentes, 25 sobremesas que variam conforme as estações. Serviço rápido e ambiente familiar. Sopas ao amanhecer. Não serve álcool. Refeição a partir de TL40.

Ada Restaurant (**F** A6)
→ *Ayyildiz Cad. nº 46, Heybeliada Tel (0216) 351 94 38 Diariam 10h-24h*
Para degustar a cozinha turca tradicional (grelhados, espetos, boulgour etc.) com vista para o mar. Refeição a partir de TL40.

Dicle Balık Evi (**F** C5)
→ *Muvakkithane Cad. nº 57 Tel (0216) 450 27 50 Diariam 8h-24h*
Decorado com mosaicos, serve os melhores peixes do bairro, diretamente do mercado vizinho. Salões iluminados e, no último andar, o terraço oferece vista para uma igreja armênia. Refeição a partir de TL45.

Viktor Levi Moda Şarapevi Kadıköy (**F** C5)
→ *Moda Cad., Damaci Sk. nº 4 Tel (0216) 449 93 29 Diariam 9h-24h*
A sucursal da taberna histórica de Beyoğlu. No cardápio, grelhados, köfte e uma grande opção de meze para beliscar no terraço do jardim. Um ambiente encantador nos dias bonitos. Boa

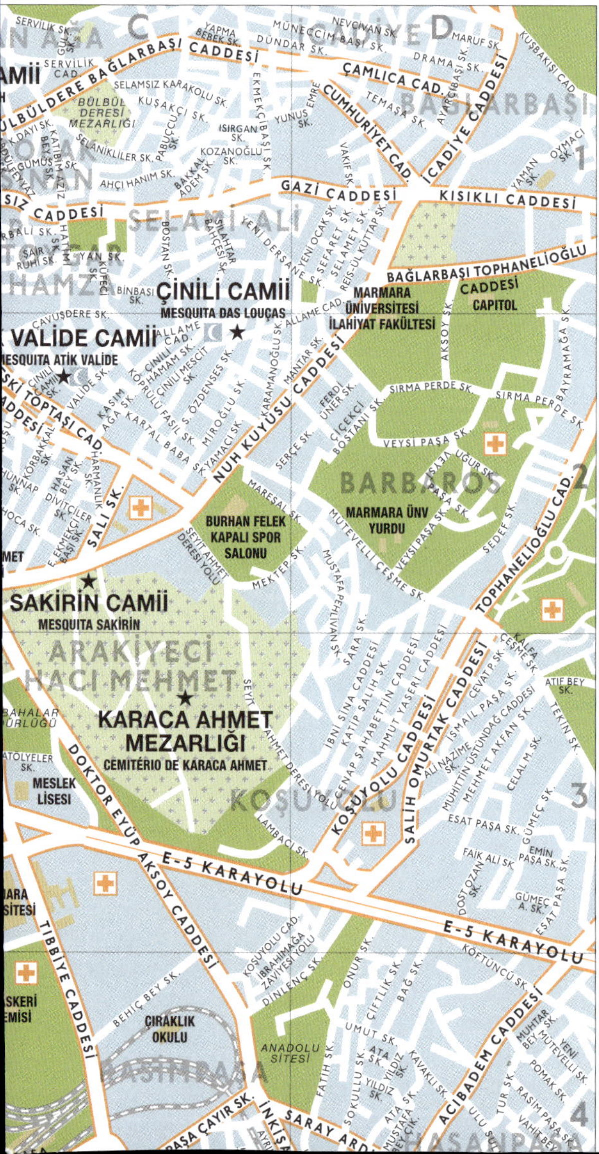

ATİK VALİDE CAMİİ

SAKİRİN CAMİİ

HAYDARPAŞA GARI

KIOSQUES À THÉ DE SAHİL YOLU

ÜSKÜDAR ÇARŞISI

FAZIL BEY

carta de vinhos. Refeição a partir de TL55.

Kız Kulesi / Tour de Léandre (**F** A1)
→ *De barco, partindo de Salacak ou Kabataş (9h-18h45) Tel (0216) 342 47 47* ***Cafeteria*** *Diariam 9h-19h* ***Jantar*** *Diariam 20h-24h*
Bela sala com abóbada e terraço à beira da água: o restaurante da Torre de Leandro convida a um jantar romântico e lendário no meio do Bósforo, com música ao vivo. A partir de TL40 (almoço), TL80 (jantar, reservar).

CAFÉS, JARDINS DE CHÁ, SORVETERIA, BAR

Liman Kahvesi (**F** C5)
→ *Kadife Sk. nº 19 Tel (0216) 349 98 18 Diariam 10h-2h*
Um dos bares que animam essa rua na moda em Kadıköy. Decoração marinha em vários andares, programação variada (rock, pop, electro, retrô) e terraço ao ar livre para preguiçar no verão.

Dunia (**F** C5)
→ *Kadife Sk. nº 19, Daire 2 Tel (0216) 336 75 05 Diariam 10h-2h*
Uma clientela jovem e boêmia se instala nos bancos e almofadas bordadas desse adorável café alternativo, iluminado por lâmpadas otomanas coloridas. Salepo (tipo de farinha usada no preparo de bebidas quentes) delicioso, recepção calorosa e rock de qualidade como fundo sonoro.

Sariyer Dondurmacisi (**F** A6)
→ *Recep Koç Cad. nº 5, Büyükada Tel (0216) 382 18 04 Diariam 10h-20h*
Longe do porto e das arapucas para turistas, deliciosa sorveteria artesanal onde até as casquinhas são feitas na casa.

Kiosques à thé de Sahil Yolu (**F** A1)
→ *Nas docas, entre Şemsi Paşa Camii e Kız Kulesi Diariam 24h*
Pequena fórmula para uma grande felicidade: pedir um chá num dos quiosques espalhados pelo cais diante da Torre de Leandro, instalar-se nos tapetes estendidos nos degraus e deixar-se seduzir pelo Bósforo...

Büyükada Wharf Cafe (**F** A6)
→ *Büyükada Iskelesi Terası Tel (0216) 382 86 20 Diariam 8h-22h (24h verão)*
Sob as cúpulas neo-otomanas (1899) do café do desembarcadouro de Büyükada, o sol se infiltra pelos vitrais coloridos e a hora do aperitivo se tinge de uma nostalgia belle époque.

Platform (**F** C6)
→ *Moda Iskelesi Tel (0216) 449 92 62 Diariam 9h-23h*
No fim da Moda, esse embarcadouro transformado em café-restaurante destila um charme incomum. Para tomar um drinque com os pés no mar de Mármara, admirando as ilhas dos Príncipes, ou saborear um petisco. Brunch aos domingos TL30.

SAUNA (HAMMAM)

Çinili Hamamı (**F** C2)
→ *Çavuşdere Cad. nº 204 Tel (0216) 553 15 93 (homens) / (0216) 334 97 10 (mulheres)* ***Homens*** *Diariam 7h-22h* ***Mulheres*** *Diariam 8h-19h30*
Bem próximo da Mesquita das Louças (Çinili Camii), um pequeno *hammam* de bairro (1640) para transpirar longe da rota turística. TL15, TL45 com massagem.

COMPRAS

Üsküdar Çarşısı (**F** B1)
→ *Autour d'Üsküdar Meydanı Diariam 9h-21h*
Coração vivo de Üsküdar, esse mercado de perfumes orientais exibe todos os dias suas barracas multicoloridas de especiarias, peixes, frutas e legumes.

Bingol Bal Pazarı (**F** B1)
→ *Çeşme Sk. nº 1 Tel (0216) 334 69 31 Seg-sáb 8h-20h*
Sob a cúpula de uma dependência da Mesquita Mihrimah, uma pequena loja de mel (bal) espesso e dourado.

Bit Pazarı (**F** B1)
→ *Büyük Hamam Sk. Diariam 10h-22h*
O local dos antiquários, cujas lojas guardam peças raras e velharias, muitas vezes insólitas e empoeiradas. Móveis, luminárias, caixas de madeira, espelhos, tapetes... a alegria dos barganhistas.

Fazıl Bey (**F** C5)
→ *Serasker Cad. nº 1A Tel (0216) 450 28 70 Diariam 8h30-21h*
Essa torrefação perfuma o mercado de Kadiköy desde 1923. Excelente café turco, espesso e preto como ébano. Para levar: café turco, mas também cafés aromatizados ou para espresso. Degustação no local em um café acolhedor e jovem.

AEROPORTO

ESTAÇÃO FERROVIÁRIA

VAPUR **(FERRYBOAT)**

MENOS DE €80

Apricot Hotel (A B5)
→ *Amiral Tafdil Sk. nº 22*
Tel (0212) 638 16 58
www.apricothotel.com
Em seus três andares, quartos frescos e novos. Quatro deles com terraço e uma bela vista para a Mesquita Azul. €25-85.

Sarniç Hotel / Sarniç Premier (A B5)
→ *Küçük Ayasofya Cad. nº 26*
Tel (0212) 518 23 23
www.sarnichotel.com
Totalmente reformado, tem 44 quartos enormes e impecáveis. Oferece visitas à Cisterna da Basílica, situada embaixo do hotel. €30-200 (Sarniç Hotel); €30-315 (Sarniç Premier).

Büyük Londra Oteli (D A5)
→ *Meşrutiyet Cad. nº 53*
Tel (0212) 245 06 70
www.londrahotel.net
Atmosfera retrô no salão do "Grande Hotel de Londres" (1892): velhos rádios, gaiolas de aves, baús de madeira. Tem 54 quartos não muito frescos. €45-135.

Avrupa Oteli (D B3)
→ *Topçu Cad. nº 14*
Tel (0212) 250 94 20
www.hotelavrupa.com
Em pleno coração do bairro moderno de Taksim, um hotel familiar de paredes coloridas e cortinas floridas. Vinte quartos limpos e confortáveis. €52.

Bonjour Hotel (A B5)
→ *Amiral Tafdil Sk. nº 10*
Tel (0212) 516 30 52
A dois passos da Mesquita Azul, uma pequena casa com simpático jardim para você se sentir em casa. Reformado em 2014, tem 12 quartos simples e confortáveis. €60-80. Quartos familiares a partir de €110.

Aden Otel (F C5)
→ *Yoğurtçu Şükrü Sk. nº 2*
Tel (0216) 345 10 00
www.adenotel.com
Um quatro estrelas um pouco antigo, mas com relativo conforto e uma bela vista para o porto de Kadiköy a partir do restaurante de peixes no último andar do edifício. €70.

Kariye Oteli (C B3)
→ *Kariye Camii Sk. nº 6*
Tel (0212) 534 84 14
www.kariyeotel.com
Em bairro tranquilo e fora do centro, perto dos mosaicos de Kariye Camii, uma magnífica casa do séc. XIX de fachada amarela. Tem 24 quartos confortáveis e 2 suítes. Decoração de bom gosto. €70-115.

Side Hotel & Pension (A B5)
→ *Utangaç Sk. nº 20*
Tel (0212) 458 58 70
www.sidehotel.com
Apartamentos, hotel ou pensão: três fórmulas à escolha e um terraço de onde se vê a Mesquita Azul.

TRANSPORTES PÚBLICOS

Metrô
→ *Diariam 6h15-0h30 (1h sex-sáb)*
Quatro linhas, mais a do Marmaray, que percorre o primeiro túnel ferroviário submarino (2013) ligando a Europa à Ásia.

Bonde
Hızlı Tramway
→ *Diariam 5h-24h*
Eski Tramway
→ *Diariam 7h-21h*
"Bonde nostálgico" (início séc. XX). De Tünel até Taksim ou Kadiköy.

Funiculares
Füniküler
→ *Diariam 6h-24h*
Liga Taksim a Kabataş.
Tünel
→ *Diariam 7h-20h*
Liga Karaköy à Tünel.

Otobüs
→ *Diariam 6h-23h*
Rede complexa mas útil. Não há mapa; trajetos indicados nos ônibus.

Teleferik
→ *Diariam 8h-20h30 (20h em Eyüp, 22h no verão em Eyüp e Maçka Parkı)*
Um sobrevoa o Maçka Parkl de Taşklşla Cad. a Spor Cad. O outro leva ao café Pierre Loti, em Eyüp.

Cartões de transporte
Bilhetes
→ *Ficha: TL3 na cidade*
À venda nos guichês, mas não nos ônibus.
Passe Istanbulkart
→ *TL10 (dos quais TL6 como caução e TL4 para as viagens); a tarifa decresce na 2ª e na 3ª viagens dentro da mesma hora*
Passe recarregável válido em metrô, ônibus, barcos e bondes. Pontos de venda İETT e máquinas automáticas.

KADIKÖY TARIHI SALI PAZARI

ILHAS DOS PRÍNCIPES

ıo e ouro e para um mira-
•e de azulejos (séc. XVI).

★ **Sakirin Camii** (**F** C2)
→ *Diariam amanhecer-noitecer*
ıaugurada em 2009, a úl-ima grande mesquita de stambul foi concebida ɔor uma mulher, Zeynep adillioglu, fato inédito. ɹrquitetura feita de curvas ɛ luminárias, entre a tradi-ão e a modernidade.

★ **Karaca Ahmet Mezarlığı** (**F** C3)
→ *Nuh Kuyusu Cad. Diariam 9h-17h*
Passeio melancólico ao co-ação de um dos maiores cemitérios muçulmanos do Oriente e o mais velho de Istambul (700 anos). Nas alamedas, milhares de túmulos e, surgindo de uma moita de arbustos, esplêndidas colunas e lápides com turbantes. Exemplo magnífico da arte funerária otomana.

★ **Haydarpaşa Garı** (**F** B4)
No final de uma calçada de Kadıköy, na entrada do Bósforo, a imponente estação ferroviária de Haydarpaşa, presente do imperador Guilherme II ao sultão Adul Hamit II. Por trás de uma arquitetura colossal (início do século XX) mas não isenta de charme, o interior barroco revela suas origens alemãs. Muito danificada por um incêndio em 2010, ela talvez se torne um complexo turístico.

★ **Kadıköy Tarihi Salı Pazarı** (**F** C5)
→ *Ter 8h-18h*
Barracas de peixes, bacias de legumes coloridos, cabeças de carneiros, potes de mel... As imagens desfilam no labirinto de becos do mercado de Kadıköy. De repente, uma igreja católica, armênia ou greco-ortodoxa testemunha o passado cristão do bairro.

★ **Kızıl Adalar / Ilhas dos Príncipes** (**F** A6)
→ *Ônibus aquático de Kabataş ou ferryboat de Yenikapı*
Uma atração a 15km e 45min de Istambul: nove ilhotas (cinco são habitadas) para desfrutar o espaço. Terra de exílio dos príncipes bizantinos, povoadas no séc. XIX pelas comunidades judia, grega e armênia, as ilhas são o lugar de férias preferido da burguesia de Istambul. Na maior delas, Büyükada, nobres residências de madeira (sécs. XIX-XX), cercadas de camélias e buganvílias. Na ilha não há carros, mas bicicletas e charretes para percorrer os caminhos e os pinheirais (atenção para as praias particulares). No alto da colina, o mosteiro ortodoxo de São Jorge (séc. XX).

AEROPORTOS

Atatürk Hava Limanı
→ *Lado europeu (a 23km)*
Tel (0212) 465 30 00
www.ataturkairport.com
Traslado para o centro
→ *Ônibus Havataş: diariam 4h-1h Trajeto 40min, TL10*
→ *Táxi: 30min, TL50*
→ *Metrô e bonde: trajeto 1h, linha de metrô Havaalani-Aksaray, depois bonde nas estações Zeytinburnu e Aksaray*
Sabiha Gökçen Uluslararası Havaalanı
→ *Lado asiático (a 60km)*
Tel (0216) 585 50 00
www.sgairport.com
Traslado para o centro
→ *Ônibus Havataş: diariam 3h30-1h Trajeto 1h30, TL12*

ACESSO AO AEROPORTO E ÀS ESTAÇÕES

ESTAÇÕES

Trens
T.C. Devlet Demiryoll
→ *Tel (0212) 444 82 33*
www.tcdd.gov.tr
A Companhia Naciona Ferroviária Turca.
Sirkeci Garı (A B2)
→ *Ankara Cad.*
Tel (0212) 527 12 01
Est. do Orient Express trens p/ a Europa.
Ônibus
Esenler Otogarı
→ *Yönetim Binası Kat. nº*
(10km a oeste do centro)
Tel (0212) 658 00 36
Todos os destinos.
Harem Otogarı (F B3)
→ *Lado asiático*
Tel (0216) 333 37 63
Todos os destinos.

Exceto onde indicado, os preços (nesta lista indicados em euros) são para um quarto de casal com banheiro (banh) e café da manhã incluído. A maioria dos estabelecimentos oferece descontos quando se reserva pela internet. Alguns também oferecem um serviço de traslado do aeroporto. A maioria dos estabelecimentos mais caros e hotéis elegantes está no bairro de Sultanahmet, perto dos pontos turísticos. Atenção: no verão os hotéis costumam estar lotados.

LOCAÇÃO DE APARTAMENTOS

Galata Residence & Galata Flats (**D** A6)
→ *Felek Sk. nº 2*
Tel (0212) 292 48 41
www.galataresidence.com
Apartamentos espaçosos para 2 a 4 pessoas na antiga mansão da família Camondo (1856), restaurado em 2013. Restaurante panorâmico. A partir de €360/sem.
Triada Residence
(**D** B4)
→ *Meşelik Sk. nº 4*
Tel (0212) 251 01 01
www.triada.com.tr
Onze apartamentos em um pequeno prédio de localização ideal, mas um pouco barulhento; 2 cômodos equipados (cozinha, TV, internet...). A partir de €100/dia; preço menor durante a semana.

ALBERGUES DA JUVENTUDE

Tarifas imbatíveis, ambiente jovem e simpático, mas conforto espartano e limpeza às vezes duvidosa.
Mavi Guesthouse
(**A** C5)
→ *Kutlugün Sk. nº 3*
Tel (0212) 517 72 87
www.maviguesthouse.com
Um albergue muito familiar, um pouco mais calmo que os da mesma categoria. Possibilidade de dormir no terraço para os bolsos apertados (€7-9). Dormitório €8-14/pessoa. Duplo €20-45.
Sultan Hostel (**A** C5)
→ *Akbiyik Cad. nº 17*
Tel (0212) 516 92 60
www.sultanhostel.com
Panorama sobre o mar de Mármara do telhado, ponto de encontro de mochileiros. Próximo dos locais turísticos. Dormitório a partir de €12/pessoa. Duplo €25.
Istanbul Hostel
(**A** C5)
→ *Kutlugün Sk. nº 35*
Tel (0212) 516 93 80
www.istanbulhostel.net
Donos muito simpáticos, que dão bons conselhos. Os não residentes podem tomar uma bebida no Buzz-bar. Conforto bastante limitado. Dormitório €10-15/pesso Duplo €40.
Orient Hostel
(**A** C5)
→ *Akbıyık Cad. nº 9*
Tel (0212) 517 94 93
www.orienthostel.com
A dois minutos de Sant Sofia, um albergue lota e muito animado. Noite de churrasco, dança do ventre ou narguilé no bar e no terraço. Dormitório €11-17/pessoa. Duplo €40-70.
Cordial House
(**B** D5)
→ *Peykhane Sk. nº 19*
Tel (0212) 517 27 27
www.cordialhouse.com
Um albergue muito bem localizado, entre o Grande Bazar e a Mesquita Azul. Quartos colo ridos, sala de descanso acesso Wi-Fi gratuito, cursos de gamão e de preparação de café turc Dormitório €12€/pesso Duplo €40.

O melhor de Istambul

Dez ideias para conhecer a cidade de um jeito diferente

Perder-se no Grande Bazar (**B** C4)
Dezenove portas, 4 mil lojas, 60 ruas internas... É muito mais fácil se perder do que encontrar o caminho nesse imenso bazar. E é isso mesmo que se faz. O passeio torna-se ainda mais fascinante que uma caça ao tesouro: ouro e pedras, deslumbrantes; a filigrana e as luminárias, fascinantes; a riqueza dos tapetes e dos kilims dá vertigem.
→ *Quando se percebe o cansaço, descansa-se à frente de uma xícara de café turco no Şark Kahvesi* (**B** C4)

Fazer um cruzeiro pelo Bósforo
Para conhecer a cidade por um outro ângulo, a bordo de um *vapur* (barco do Bósforo). Da água – através da névoa ou sob o sol –, um desfile de minaretes, pontes e palácios. Obrigatório.
→ *Escolha: duas horas de navegação para um curso de orientação (saída da ponte de Gálata;* **A** A2) *um dia inteiro até o mar Negro (saída 10h30 de Kabataş;* **D** C4)

Comer um kumpir em Ortaköy (**E** D3)
Como os pide e outros kebabs, o kumpir é um prazer que mata a fome rapidamente: uma variedade muito grande de batata cozida no forno, embrulhada em papel e recheada com vários ingredientes. Para comê-lo, só falta se instalar em um banco de Ortaköy, com vista para o Bósforo.

Fazer massagem em um hammam
Depois de caminhar o dia todo, a massagem é a pausa ideal. Praticado cotidianamente, segundo a tradição, o *hammam* (às vezes chamado sauna ou banho turco pelos ocidentais) é um lugar aonde se vai para conversar com amigos, afastar-se do burburinho da cidade... um tempo para purificar a alma e o corpo. Isso porque o *tellak* (empregado) está lá para massagear e orientar os clientes.
→ *Ayasofya Hürrem Sultan Hamamı* (**A** B4). *As mulheres precisam pedir uma massagista*

Ir ao cabeleireiro
Uma oportunidade para se mimar. Poucos cabeleireiros atendem tanto mulheres quanto homens. As senhoras, em salas separadas, aproveitam para fazer as unhas, uma depilação... e os homens podem optar por fazer a barba com toda a precisão. E com o acompanhamento de uma massagem no couro cabeludo.
→ *Para as mulheres: Genç* (**B** D5), *rua Piyer Loti, preços*

KAPALI ÇARSI

AU HAMMAM

ALİ MUHİDDİN HACI BEKİR

AMERİKAN PAZARI

Transportes e hospedagem

Transportes

TÁXIS

Identificáveis pelo letreiro TAKSI na capota e pela cor amarela (táxis da cidade) ou laranja (para o aeroporto). São muito numerosos (cerca de 20 mil). Recomendados à noite ou para trajetos longos entre bairros. De dia, os bondes, o metrô e os ônibus, mais econômicos, são plenamente suficientes.

Tarifas

Tarifa única: TL2,95 de bandeirada e TL1,83/km (trajeto mínimo: TL5). Exija o taxímetro *(köntör)* e evite táxis estacionados perto dos pontos turísticos.

TÁXI

BONDE ESKI

DOLMUŞ

Táxis coletivos (miniônibus ou grandes carros americanos). Seguem trajetos definidos. Pode-se subir e descer em qualquer ponto do percurso. Preço mínimo cerca de TL3 conforme o trajeto.

CARROS

É altamente desaconselhável se aventurar a circular de carro por Istambul. Muitos engarrafamentos e estilo de condução anárquico.

Velocidade

Na cidade: 50km/h
Nas estradas: 90km/h
Nas rodovias: 120km/h

Evite os quartos sem janelas. Pensão €60. Hotel/apartamento para 2 pessoas €80-100.

Tash Konak Hotel (**A** B5)
→ *Tomurcuk Sk. nº 5*
Tel (0212) 518 28 82
www.hoteltashkonak.com
Por trás de uma esplêndida fachada de madeira, um hotel encantador onde os odores da figueira se misturam à doçura de viver. Terraço. 30 quartos. €75.

MAIS DE €80

Anemon Galata (**D** A6)
→ *Büyükhendek Cad.*
Tel (0212) 293 23 43
www.anemonhotels.com
Ao pé da Torre de Gálata, 30 quartos, dos quais 7 são suítes. Quatro dos quartos, assim como o salão do restaurante, têm vistas magníficas do Chifre de Ouro e do Bósforo. €89.

Hotel Troya Balat (**C** D3)
→ *Dr. Sadik Ahmet Cad. nº 12*
Tel (0212) 531 48 58
www.troyahotelbalat.com
No coração do bairro popular de Balat, longe dos pontos turísticos, uma casa grega do séc. XIX transformada em hotel charmoso! Dezesseis quartos. Os que dão para a rua são barulhentos. €95.

Splendid Palas Hotel (**F** A6)
→ *Yimiüç Nisan Cad. nº 23, Büyükada Tel (0216) 382 69 50 Abr-set*
www.splendidhotel.net
Cúpulas orientais e fachada de madeira branca: um hotel com toques art nouveau (1908) para passar a noite nas ilhas dos Príncipes. Ao redor do pátio delicioso, 70 quartos de charme antiquado. Tem piscina. €95-105 (vista para a ilha); €110-125 (vista para o mar).

Galata Antique (**D** A5)
→ *Meşrutiyet Cad. nº 119, Nergis Sk. nº 10*
Tel (0212) 245 59 44
www.galataantiquehotel.com
Em um prédio de 1881, um ponto de parada familiar, ideal para explorar a antiga Pera dos Levantinos. Tem 22 quartos bem iluminados. €95-135.

Yusufpasa Konagi (**A** C5)
→ *Cankurtaran Cad. nº 34*
Tel (0212) 458 00 01
www.yusufpasakonagi.com
Uma mansão otomana restaurada (século XIX), com equipe agradável, dentro do bairro histórico. Vinte quartos com decoração datada, mas confortáveis. Café da manhã variado. €99.

Hotel Nomade (**A** B4)
→ *Ticarethane Sk. nº 1*
Tel (0212) 511 12 96
www.hotelnomade.com
Sol de verão no terraço ou calor da lareira no inverno, um hotel muito confortável que se adapta às estações. Tem 16 quartos personalizados e de bom gosto, em pleno centro histórico. €100.

Şebnem Hotel (**A** C5)
→ *Akbıyık Cad., Adliye Sk. nº 1*
Tel (0212) 517 66 23
www.sebnemhotel.net
Pequeno hotel charmoso com 15 quartos muito agradáveis. Móveis de madeira, camas com dossel, assoalho. E, é claro, um terraço. €100-120.

Hotel Ararat (**A** B5)
→ *Torun Sok. nº 3*
Tel (0212) 458 20 31
www.ararathotel.com
Assoalho escuro, afrescos coloridos e deliciosos edredons em 12 quartos diferentes. Terraço agradável para relaxar diante do mar. A um minuto da Mesquita Azul. A partir de €110.

Orient Express (**A** B3)
→ *Hüdavendigar Cad. nº 24*

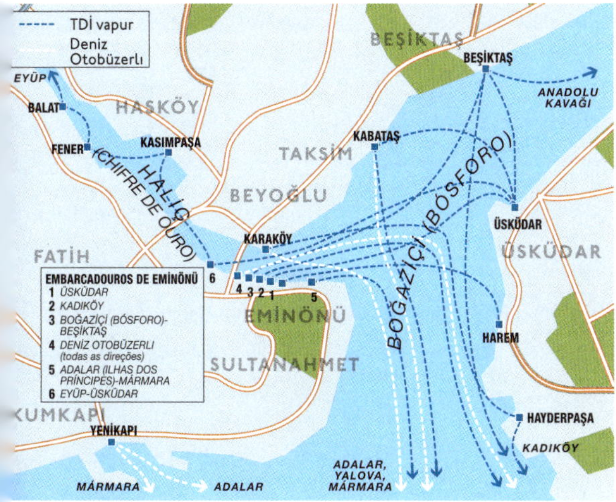

LIGAÇÕES MARÍTIMAS E EMBARCADOUROS

Tel (0212) 520 71 61
www.orientexpresshotel.com
Hotel moderno e bem localizado para percorrer a cidade, com uma pequena piscina interna para relaxar depois dos passeios. Funcionários atenciosos. Tem 54 quartos. €114.

Sarı Konak Oteli (**A** B5)
→ *Mimar Mehmet Ağa Cad. nº 26 Tel (0212) 638 62 58 www.istanbulhotelsarikonak.com*
Uma decoração refinada, como na cerâmica azul e branca dos banheiros, e temperatura amena no pátio cercado por muros bizantinos. Dispõe de terraço e tem 23 quartos. €125-180.

Kybele Hotel (**A** B4)
→ *Yerebatan Cad. nº 23*
Tel (0212) 511 77 66
www.kybelehotel.com
Milhares de lâmpadas no teto, um pátio maravilhoso com painéis de estilo otomano, um salão encantador e 16 quartos, que devem ser reservados com muita antecedência. €130-170.

Hotel Empress Zoe (**A** C5)
→ *Akbıyık Cad. nº 10*
Tel (0212) 518 25 04
www.emzoe.com
Instalado nos restos de uma cisterna bizantina e de um *hammam*, hotel charmoso de 25 quartos e suítes de paredes ocre e decoração oriental. Jardim íntimo, terraço e lareira. €140. Suíte no telhado €220.

Turing Ayasofya Konaklari (**A** B4)
→ *Soğukçeşme Sk.*
Tel (0212) 513 36 60
www.ayasofyapensions.com
Na calma de uma rua de pedestres no centro histórico, nove casas otomanas escondem quartos de sonho. €200.

HOTÉIS DE ALTO LUXO

Four Seasons Sultanahmet (**A** B5)
→ *Tevfikhane Sk. nº 1*
Tel (0212) 402 30 00
www.fourseasons.com
Instalado na esplêndida estrutura neoclássica de uma antiga prisão de 1917. Restaurante muito elogiado. Quarto a partir de €510; suíte, de €1.150.

Çiragan Palace Kempinski Istanbul (**E** C4)
→ *Çirağan Cad. nº 32*
Tel (0212) 326 46 46
www.kempinski-istanbul.com
Um palácio à margem do Bósforo. Suítes de paxá no antigo palácio imperial do séc. XIX ou grande hospedagem no edifício moderno. 282 quartos a partir de €600. 31 suítes a partir de €2.500 – e até €30.000 pela suíte do sultão!

BARCOS

Vapur (balsas), *Deniz otobüzerlı* (ônibus marítimos) e *Deniz taksi* (táxis marítimos) percorrem o estreito de Bósforo e o Chifre de Ouro.

TDİ (balsas)
→ *Tel (0212) 251 50 00*

İDO (ônibus e táxis marítimos)
→ *Tel (0212) 444 44 36*

Horários
Distribuídos e afixados em todo embarcadouro.

Passagens
Fichas vendidas em qualquer embarcadouro (TL3) ou passe Istanbulkart (a partir de TL1,95).

Principais embarcadouros

Eminönü (**A** B2)
Cinco cais: para Üsküdar, Kadiköy, Bósforo (Boğaziçi), Chifre de Ouro (Fener, Balat, Eyüp).

Yenikapi (**B** A6)
Para Ilhas dos Príncipes...

Karaköy (**D** A6)
Para Hayderpaşa, Kadıköy...

Kabataş (**D** C4)
Para Üsküdar, Ilhas dos Príncipes (Adalar), Sariyer...

Beşiktaş (**E** B4)
Para Üsküdar, Kadıköy...

Üsküdar (**F** B1)
Para Eminönü, Beşiktaş...

Cruzeiro no Bósforo
Além das excursões particulares, os *vapur* TDİ cruzam o Bósforo em entre os lados europeu e asiático.
→ *Tel (0212) 522 00 45 Eminönü (Boğazici Iskelesi)-Anadolu Kavağı Cerca de 6h ida e volta (pausa para almoço em Anadolu Kavağı), TL10. 1 saída por dia no inverno, 3 saídas no verão*

razoáveis em um cabeleireiro muitas vezes premiado; para os senhores: Adil (**A** B5), *rua Mimar Mehmet Ağa, tradicional e profissional*

Almoçar no mercado de peixes

Apesar da multidão, vale a pena visitar o mercado de Galatasaray por causa de seus pequenos restaurantes – os habitantes de Istambul não podem estar errados, pois vão lá todas as noites. Então, garantia de qualidade. Tudo é excelente, especialmente as anchovas (hamsi). Experimente também os enormes mexilhões (midiye) em espetos ou recheados: um deleite.

→ *Balık Pazarı* (**D** A4)

Provar loukoums e baklavas

Em Istambul se diz que para falar "delicadamente" é preciso antes comer as sobremesas! Entre elas, loukoums e baklavas são as mais famosas. Os primeiros, delicadamente perfumados, os outros, com muito mel e cobertos de amêndoas, nozes ou pistache. Absolumente delicioso.

→ *Ali Muhiddin Hacı Bekir* (**A** A2) *para as melhores confeitarias artesanais de Istambul. Para um orçamento reduzido, doces industrializados deliciosos na Koska* (**B** C4), *perto da estação Beyazit*

Passear à beira da água

Um encontro com a imensa língua verde que acompanha o mar de Mármara (**B** A-D6), em Kumkapi. Nesse local, nos domingos ensolarados, centenas de famílias de Istambul se reúnem para comer um mangal (grelhado), saladas, pistache ou algodão-doce colorido. Chegue cedo para arrumar um lugar bom. Se quiser mais tranquilidade, pegue um barco em Eminonu (**B** D2) ou Yenikapi (**B** A6) para ir às ilhas dos Príncipes (**F** A6) e passar um dia junto à natureza.

Fumar um narguilé

Todo lugar onde se fuma um narguilé é de convívio. Você mata o tempo, joga *tavli* (gamão), assiste a um jogo de futebol ou simplesmente se deixa levar pelas fragâncias de frutas, chocolate ou café. Uma experiência de relaxamento total.

→ *Amerikan Pazarı* (**D** B6), *Erol Taş* (**A** C5)

Passar um tempo no Café Pierre Loti (**C** B1)

Eyüp – as muralhas bizantinas –, Santa Sofia, Topkapı, o Chifre de Ouro, a Torre de Gálata... Toda a parte europeia de Istambul rende-se a esse terraço na sombra. Com um café na mão, você deixa a imaginação voar solta, como fez há 130 anos o escritor francês que dá o nome à casa.

→ *Um teleférico ajuda a levar os visitantes cansados desde o pé do morro até o café, no alto de Eyüp, e propricia um panorama diferente*

CRUZEIRO PELO BÓSFORO

Transportes e hospedagem

O nome de ruas, monumentos e atrações estão classificados em ordem alfabética. As letras em negrito (**A**, **B**, **C**...) indicam o bairro e o mapa correspondente. A estrela ✪ remete à página “Atrações imperdíveis”, no início do guia.